GTB
Gütersloher Taschenbücher
1167

Dorothee Zachmann

geboren 1967 in Aalen, verheiratet, drei Kinder und eine Stief-
tochter, ist Diplom-Sozialpädagogin, leitete mehrere Jahre
Selbsterfahrungsgruppen für Frauen und Paarseminare, arbeitet
seit 1999 als Buchautorin und lebt in Pfinztal bei Karlsruhe.

Dorothee Zachmann

Oasen für die Seele

**Meditationen, Fantasiereisen
und Rituale für den Tag**

Gütersloher Verlagshaus

Originalausgabe

Die Deutsche Bibliothek – CIP-Einheitsaufnahme

Zachmann, Dorothee:
Oasen für die Seele: Meditationen, Fantasiereisen und Rituale für den Tag /
Dorothee Zachmann. – Orig.-Ausg. –
Gütersloh: Gütersloher Verl.-Haus, 2001
(Gütersloher Taschenbücher; 1167)
ISBN 3-579-01167-7

ISBN 3-579-01167-7
© Gütersloher Verlagshaus, Gütersloh 2001

Umschlaggestaltung: Init GmbH, Bielefeld unter Verwendung eines Fotos
von Magnusson: Schweden, Vättern See, Inseln © Mauritius
Die Bildagentur GmbH.
Satz: Weserdruckerei Rolf Oesselmann GmbH, Stolzenau
Druck und Bindung: Elsnerdruck GmbH, Berlin

Gedruckt auf chlorfrei gebleichtem Werkdruckpapier
Printed in Germany

Besuchen Sie uns im Internet: http://gtvh.de

Inhalt

Vorwort

»Oasen für die Seele« habe ich dieses Buch genannt. Ich war zwar noch nie in der Wüste, aber ich will gerne glauben, dass es dort kein größeres Glück gibt, als inmitten von Sand, Wind und Hitze auf eine Oase zu stoßen, die Orientierung, Schatten, Wasser und Nahrung bietet.

In unserem Leben, fernab von Wüstenhitze und Trockenheit, haben wir jedoch auch Oasen nötig. Oasen, die uns inmitten von Hektik, Stress und Lieblosigkeit wieder zu uns selbst finden lassen. Die uns stärken und nähren und uns Kraft geben, unseren eigenen Weg zu finden und die einzelnen Schritte zu gehen. Oasen, die uns helfen, uns auf das Wesentliche zu besinnen. Oasen, die uns den Weg zur Freude und zum Glück zeigen. Oasen, die uns möglich machen, unser Leben anzuschauen und anzunehmen, auf dass wir das Beste daraus machen.

Die Seele wird als Kontaktorgan zu höheren Mächten, zu Kräften außerhalb von uns und dem Universum beschrieben. Über unsere Seele also nehmen wir Kontakt auf – zu Gott. Meditationen, Fantasiereisen und Rituale können somit nicht nur Möglichkeiten der Entspannung und der Besinnung sein, sondern auch des Gebets.

Tauchen wir ein in Oasen für die Seele, um das Wesentliche zu entdecken und wiederzuerinnern, denn in unserem tiefsten Innern wissen wir es ja bereits:

Wir müssen
von dem leben,
wofür wir leben.

Sufispruch

Ein kleiner Wegweiser

Worum geht es?

Meditationen, Fantasiereisen und Rituale sind verschiedene Methoden, um Körper, Geist und Seele in Einklang zu bringen. Sie ermöglichen das Innehalten im Alltag, das Zu-sich-selbst-Finden in turbulenten Zeiten und die Tiefe spiritueller Erfahrungen. In der Stille solcher »Oasen für die Seele« wird die eigene innere Stimme hörbar, der Blick auf Wesentliches gerichtet und zurückgehaltene Emotion spürbar. Die Begegnung mit sich selbst auf höherer Ebene lässt gestaute Energie erneut fließen, macht auf verdrängte Probleme und ungenützte Ressourcen aufmerksam und hilft, das Bewusstsein für das eigene Ich zu schärfen. Aus sich selbst heraus Kraft und Stärke zu schöpfen, ist eine wunderbare Erfahrung, die Vertrauen schenkt, den eigenen Weg zu gehen – Schritt für Schritt.

Um im Alltagsleben nicht auf das bloße Funktionieren und stereotype Handlungsweisen reduziert zu sein, brauchen wir einen möglichst regelmäßig wiederkehrenden bewusst vollzogenen Schnitt. So können wir unser Lebensmuster wahrnehmen, begreifen und – wenn nötig – unterbrechen.

Da Meditationen, Fantasiereisen und Rituale einen »magischen« Charakter haben, helfen und unterstützen sie uns, der oftmals unreflektierten Seite unseres Lebens etwas entgegenzusetzen: ein Innehalten im hektischen Strom der Zeit, ein Erkennen und Verstehen von Zusammenhängen auf anderer Bewusstseinsebene, eine intensive Begegnung mit uns selbst und höheren Mächten (Gott) und einen geweiteten Blick, der auch Lösungsmöglichkeiten für Probleme und Antworten auf wichtige Fragen umfasst. Ziel dieser Methoden ist also, die innere Wirklichkeit mit dem alltäglichen Leben zu verbinden.

»Oasen für die Seele« ermöglichen demnach das Umgehen mit Problemsituationen, bieten aber auch ein reiches Angebot, glückliche Momente zu vertiefen. Lassen Sie alles innere Verkrampfen und »Richtigmachenwollen« los und vertrauen Sie darauf, dass Sie jederzeit und in jeder »Übung« genau die Erfahrung machen, die Sie gerade brauchen (und nehmen können). Diese innere Haltung nimmt die Angst vorweg, es könnte Ihnen etwas entgehen oder Sie könnten völlig überfordert sein.

Wie geht es?

Im zweiten und weit größeren Teil dieses Buches greife ich verschiedene Lebenssituationen, bzw. -themen auf und lade Sie ein, anhand der ausgewählten Texte und der drei Methoden die jeweilige Phase bewusst zu erleben und zu gestalten. Jeder kurzen Einführung in das besagte Thema folgen zuerst ein besinnlicher Text, dann eine Meditation, gefolgt von einer Fantasiereise und abschließend ein Ritual. Diese Reihenfolge bleibt im Buch immer gleich und ist typografisch voneinander unterschieden, so dass auf den ersten Blick erkennbar wird, um welche Methode es sich handelt. Die Fantasiereisen sind jeweils mit einer Überschrift versehen, die zum raschen Wiederfinden auch im Inhaltsverzeichnis angegeben ist. Mit Hilfe dieser Auswahl, aus der Sie sich das Ihnen Zusagende heraussuchen können, werden Sie zu mehr Entspannung, Ruhe und innerem Frieden finden.

Um die Wirkung der Fantasiereisen, Meditationen und Rituale eingängiger erfahren zu können, sollten Sie im Vorfeld für einen angemessenen Rahmen sorgen:

• Nehmen Sie sich genügend Zeit! Mindestens 25 Minuten (besser mehr) sollten Sie sich nehmen und gönnen, um auch wirklich den Zustand der Entspannung erreichen zu können bzw. Ihrem Ziel näher zu kommen.

- Sorgen Sie für Ungestörtheit! Stellen Sie das Telefon und die Klingel ab. Wählen Sie am Besten eine Zeit, in der Sie ganz alleine sind. Wenn das nicht geht, so machen Sie den Familienmitgliedern klar, dass Sie in dieser Zeit nicht gestört werden wollen.
- Schaffen Sie sich eine behagliche Atmosphäre! Wählen Sie einen gemütlichen Raum oder eine »Ecke« im Haus, dem/der Sie die Bedeutung einer Insel für sich geben können. Mir persönlich helfen Kerzen, Duft, sanfte Musik, weiche Kissen, eine bequeme Matte, um es mir gemütlich zu machen und mich zu entspannen.

Tipps zum Umgang mit diesem Buch

Da das Buch in verschiedene Themen gegliedert ist, können Sie sich dem jeweils Ansprechenden zuwenden und eine der drei Methoden auswählen. Um das Thema intensiver zu vertiefen, können Sie natürlich auch alle drei Angebote wahrnehmen, allerdings nicht direkt hintereinander, da sonst die einzelne Methode nicht genügend »Aufmerksamkeit« bekommt, um nachwirken zu können. Auch können Sie die Übungen mehrfach machen, sie verlieren dadurch nicht ihren Wert. Im Gegenteil: Wiederholungen vertiefen den gewonnenen Einblick und können sehr spannend sein, weil sie längst nicht immer dieselbe Erfahrung bieten. Doch auch hier sollten zeitliche Abstände dazwischen liegen, um einen Reifeprozess zu ermöglichen.

Im nachfolgenden Kapitel sind die einzelnen Charakteristika beschrieben, um Fantasiereisen, Rituale und Meditationen voneinander abzugrenzen und Parallelen aufzuzeigen, sowie eine Anleitung zum Umgang mit der jeweiligen Methode.

BITTE unbedingt »vor Gebrauch« lesen, damit der Kontext verstanden und sowohl »Vorbereitung« als auch »Ankommen« und »Nachbereitung« deutlich werden. Sollten zusätzliche Informationen oder Anregungen wichtig sein, stehen diese direkt bei der entsprechenden Methode.

Das Buch eignet sich sowohl für den persönlichen Gebrauch als auch für das Arbeiten mit Gruppen. Beachten Sie hierfür bitte die Hinweise im nächsten Kapitel.

Erklärendes zur Meditation

Definition und Wirkung

Meditation ist eine Technik der Gedanken-, Atem- und Geistkontrolle, die zu einem Gefühl der tiefen Ruhe und des inneren Friedens führt. Meditation schult das Bewusstsein, entspannt Körper und Geist, ist eine Methode der Ausrichtung und Zentrierung des Ichs und beruhigt das zentrale Nervensystem. Meditation war und ist eine spirituelle Praxis, die als fester Bestandteil der großen Weltreligionen vorwiegend dazu dient, dem Göttlichen im eigenen Inneren zu begegnen und mit ihm eins zu werden, um höhere Einsichten zu erlangen.

Es gibt so viele verschiedene Meditationsformen und -muster, wie es Menschen gibt, die sie praktizieren. Hauptsächlich jedoch kann man zwei Unterscheidungen machen: die *stille Meditation* und die *analytische Meditation*.

Die stille Meditation hat ein ungebundenes, zeit- und raumloses hellwaches Bewusstsein ohne jede Fixierung auf ein Ziel. Gedanken, Gefühle, Träume, Erinnerungen, Vorstellungen, Erwartungen, Ängste usw. weichen hierbei einem einzig in der Gegenwart zentrierten Bewusstsein, das in der Übung der Stille lediglich aufzuspüren versucht, was im Moment geschieht. Der Geist soll sich vom Verhaftetsein mit der eigenen Geschichte lösen und Kontakt aufnehmen zu der göttlichen Kraft.

Die analytische Meditation ist die bewusste Konzentration auf ein bestimmtes Thema. Beispielsweise wird durch Betrachten eines (inneren) Bildes, Auseinandersetzung mit einer gezielten Fragestellung oder mehrfache Wiederholung eines gewählten symbolischen Wortes oder Satzes das Thema intensiv eingekreist und »erspürt«. Bei dieser Methode der Meditation ist das körperliche und emotionale Empfinden dem Stellenwert des klaren Geistes gleichgesetzt; der Fluss der Ereignisse, Gefühle und Gedanken soll unvoreingenommen beobachtet werden. Wie in der stillen Meditation ist auch hier die Suche nach der Begegnung mit der höheren Macht wesentlich; das Bitten um göttliche Kraft und Weisheit bezogen auf ein bestimmtes Lebensthema.

In diesem Buch arbeite ich mit der analytischen Meditation in Form von Sätzen, den Themen entsprechend zugeordnet. Jedoch besteht natürlich auch die Möglichkeit, die zitierten Texte aus der Literatur als Basis für eine Meditation zu nutzen.

Anleitung

Die Meditation sollte in einer aufrechten Sitzhaltung praktiziert werden, damit die innere Energie durch die feinstofflichen Kanäle des Körpers fließen kann. Ob Sie den Lotossitz*, den Schneidersitz oder ausgestreckte Beine wählen, eine Matte, ein Kissen oder einen Meditationsschemel bevorzugen, sei Ihnen überlassen. Die Haltung sollte so bequem wie möglich für Sie sein und dennoch eine gewisse Spannung haben, damit einem leichten Eindösen vorgebeugt ist.

Die Hände können nach oben geöffnet in entspannter Haltung auf den Knien oder Oberschenkeln aufliegen.

---

* Sitzhaltung, bei der die Oberschenkel gegrätscht und die Füße über Kreuz auf den Oberschenkeln liegen

Der Kopf ruht mittig auf dem Nacken in einer Geraden gehalten, der Mund bleibt geschlossen, die Atmung geschieht durch die Nase. Die Zunge liegt gelöst in der Mundhöhle an den oberen Zähnen an.

Die Augen sind nicht ganz geschlossen, so dass dadurch etwas Licht einfällt und der Kontakt zum Hier und Jetzt nicht gänzlich unterbrochen ist, aber das Bewusstsein auch nicht durch einen fixierenden Blick abgelenkt wird.

Musik kann zur Entspannung im Hintergrund laufen, sollte aber sorgfältig ausgewählt sein. Lenkt sie jedoch vom eigentlichen Meditationsthema ab, ist von Musikuntermalung eher abzuraten.

Wiederholen Sie den vorgeschlagenen Satz oder die Satzreihen mehrfach und lassen Sie dazwischen genügend Zeit, um die jeweils auftauchenden Gedanken, Gefühle, Einsichten und Bilder wahrnehmen zu können.

Möchten Sie den Eingangstext zur Meditation verwenden, lassen Sie ihn sich (langsam!) vorlesen oder lesen Sie ihn zuvor selbst durch und meditieren dann darüber.

Vorbereitung

Jeder Meditation, die im zweiten Teil des Buches angeboten wird, sollten Sie eine Phase des »Ankommens-bei-sich« vorausschicken. Wenn Sie entspannt auf sich selbst konzentriert sind und von allen anderen Dingen gedanklich frei sind, können Sie sich weit besser auf das Thema einlassen.

Wenn Sie bereits mit dem Meditieren oder anderen Entspannungsformen, wie z.B. dem Autogenen Training, vertraut sind, werden Sie wahrscheinlich eine Ihnen bekannte Übung wählen, um zur Ruhe zu kommen. Für »Einsteiger« oder jene unter Ihnen, die gerne Neues ausprobieren, möchte ich hier nun eine Möglichkeit vorstellen:

Lesen Sie folgenden Text durch und wiederholen sie ihn anschließend (ungefähr so) im Kopf. Oder sprechen Sie den Text auf Band (Vorsicht: langsam und deutlich sprechen, viele Pausen machen!) und lassen ihn dann ablaufen, während Sie den »Anweisungen« folgen.
Nehmen Sie dazu die oben beschriebene äußere Haltung ein.

Ich habe jetzt Zeit.
Zeit, um bei mir selbst anzukommen.
Ich entspanne mich und komme zur Ruhe.
Ich fühle in meine Körpermitte hinein,
schwinge leicht hin und her,
bis ich mein Gleichgewicht gefunden habe
und richte mich von innen her auf.

Ich nehme wahr, wie ich sitze:
nach unten hin Kontakt zur Erde,
nach oben hin ausgerichtet zum Himmel.
Ich entspanne meine Stirn, meine Augen,
meine Wangen, meinen Mund, meinen Kiefer.
Mein Gesicht ist nun weich und gelöst.

Ich entspanne meinen Nacken, den Hals
und die Schultern.
Ich spüre meine Arme
und lasse alle Anspannung darin los.
Ich entspanne meine Hände.
Ich fühle in meine Oberschenkel,
die Knie, meine Waden und Füße
und lasse alle Muskelspannung los.

Ich nehme meine Atmung wahr
und lasse sie sein, wie sie ist.
Es atmet mich, ich brauche nichts dafür zu tun.
Was mich belastet und bedrückt
kann ich mit dem Ausatmen von mir geben.
So lasse ich alle Anspannung mit der Atmung abfließen.

Ich entspanne meinen Willen und mein Wollen.
Nichts brauche ich jetzt zu erreichen,
nichts leisten oder darzustellen.
Ich entspanne meinen Geist.
Was war, ist vergangen. Ich lasse es los.
Was kommen wird, ist noch nicht.
Jetzt darf sein, was gerade ist:
Meine Gefühle, meine Gedanken,
Geräusche um mich, Stimmen in mir ...
Doch nichts davon brauche ich festzuhalten.
Ich darf alles ziehen lassen.

Nur im Jetzt da zu sein genügt.
Ich bin wach und gegenwärtig,
bin ganz bei mir.
So kann ich mich öffnen
für das Geheimnis des Lebens,
das in meiner Tiefe geborgen liegt.
Nun kann ich hören
auf die Wahrheit, die bereits in mir ist.

Zurückkommen
Um nach einer Meditation wieder sanft ins Hier und Jetzt
zurückzufinden, ist es ratsam, einige Male tief ein- und

auszuatmen und den Körper sachte zu dehnen, zu recken und zu strecken.

Nachbereitung

Nehmen Sie sich nach jeder Meditation die Zeit, noch einmal nachzuspüren, was Sie erlebt haben. Vielleicht möchten Sie das Erfahrene in einem Tagebuch aufschreiben oder durch Malen zum Ausdruck bringen. Vielleicht ist Ihnen auch nach Tanzen oder einem Spaziergang zumute. Tun Sie, was Ihnen beliebt, um Ihre Gedanken und Gefühle nach- und ausklingen zu lassen.

In der Rolle des Leitens

Um Meditationen anleiten zu können, sollten Sie selbst darin recht erfahren und mit dieser Methode vertraut sein. Wenn Sie auf verschiedene Lehrer zurückblicken können, erweitert das Ihre eigene Erfahrung und Kompetenz als Leitender. Machen Sie das Ihre aus den unterschiedlichen Techniken, die Sie kennen gelernt haben und wagen Sie den Mut, eigene Wege zu gehen.

Die Meditation als solche erlebt jeder Teilnehmer für sich, aber es ist Ihre Aufgabe, eine entsprechend einladende Atmosphäre im Raum dafür zu schaffen (z. B. angenehmes Duftöl, Kerzen, Matten, Kissen etc.) und die Meditation sorgfältig ein- und auszuleiten. Achten Sie auf langsames und deutliches Sprechen! Machen Sie genügend Pausen, um den Teilnehmern die Möglichkeit zu geben, Ihren »Aufforderungen« zu folgen. Bieten Sie hinterher auf jeden Fall an, das Erlebte zum Ausdruck bringen zu können, sei es durch Gespräche oder durch kreatives Tun (wie z. B. Tanzen, Singen, Schreiben oder Malen. Die hierfür notwendigen Materialien sollten Sie vorbereitet in Reichweite haben.)

Gehen Sie nur so weit, wie Sie sich selber zutrauen: Machen Sie sich bewusst, dass es immer mal wieder Situationen geben kann, in denen über emotionalen Beistand hinaus auch therapeutische Interventionen gebraucht werden, damit der Teilnehmer sich begleitet und gestützt weiß.

Erklärendes zur Fantasiereise

Definition und Wirkung

Eine Fantasiereise ist eine geleitete Entspannung, die mit der Technik des Visualisierens arbeitet. Das bedeutet, dass sich innere Bilder zeigen: Bilder aus dem Unterbewusstsein, Bilder, die der eigenen Fantasie entspringen, und auch Bilder, die ähnlich wie Fotos Erinnerungen festhalten. Während einer Fantasiereise sieht man also eine Geschichte vor dem geistigen Auge ablaufen, die entweder von einer anderen Person angeregt bzw. vorgelesen wird oder die man sich selbst im Kopf erzählt. Wie der Name schon sagt, reisen wir in das Land der eigenen Fantasie und Kreativität, das jeder Mensch in sich hat. Somit kann auch jede/r Fantasiereisen unternehmen, sie/er braucht dazu nur in einem entspannten Zustand die Bereitschaft mitzubringen, sich auf die inneren Bilder einzulassen, die sich entfalten wollen. Dabei dürfen wir darauf vertrauen, dass unser Unterbewusstsein uns immer nur die Bilder zeigt, für die wir auch bereit sind. Auch brauchen wir keine Angst davor zu haben, von außen »manipuliert« zu werden, denn unser Bewusstsein ist zu keiner Zeit völlig ausgeschaltet, so dass wir auch in einem ganz entspannten Zustand unserer Sinne »Herr« bleiben. Niemand kann uns zwingen, irgendwelche Bilder zu sehen, wir selbst formen sie in unserer Vorstellung.

Fantasiereisen können einfach ein schönes Mittel der Entspannung sein, dienen aber auch dazu, auf innere Prozesse aufmerksam zu werden und mithilfe der eigenen inneren Wahrheit, die in den Bildern zu finden ist, sich selbst besser kennen zu lernen und Lösungen für Probleme zu finden.

17

Es gibt Fantasiereisen, die von Anfang bis Ende geleitet werden und solche, die nach einer Hinführung zum Thema oder einem Symbolbild den Reisenden »allein« lassen, damit er »ungelenkt« das Seine entwickeln und erleben kann, bevor er wieder »abgeholt« und zurückgeführt wird. Ich arbeite in diesem Buch sowohl mit den geleiteten als auch mit den »freien« Reisen.

Anleitung

Sorgen Sie für störungsfreie Zeit, etwa 20 bis 30 Minuten, plus eventuelle Nachbereitung. Schaffen Sie sich ein angenehmes Ambiente und legen oder setzen Sie sich bequem, nehmen Sie Kissen und Decken dazu, wie es Ihnen lieb ist. Schließen Sie die Augen und lassen Sie sich voller Vertrauen auf den Text ein.

Wer bereits im Umgang mit Fantasiereisen geübt ist, kann sich den Text zuerst durchlesen und anschließend im Kopf wiederholen. Besser und entspannender jedoch ist es, wenn man sich nicht selbst um das Leiten der Reise zu kümmern braucht, sondern sich von außen führen lassen kann. Diese Rolle des Erzählens bzw. Vorlesens kann der Partner oder eine gute Freundin übernehmen, oder aber Sie selbst sprechen den Text zuerst auf Kassette, um ihm anschließend zu folgen.

Unbedingt beachten: Damit sich die Bilder einstellen können, braucht es Zeit! Lesen Sie daher langsam und deutlich, jedoch nicht »gekünstelt«, und machen Sie Pausen! In den Texten hier im Buch sind die Pausen durch Gedankenstriche, Zeilenumbrüche und neue Abschnitte verdeutlicht, scheuen Sie sich aber nicht davor, zusätzlich Pausen einzulegen. Am Besten, Sie probieren es einfach aus und merken dann selbst, welcher Lese-/Erzählfluss Ihnen am angenehmsten ist.

Machen Sie sich bewusst, dass eine Fantasiereise nicht dazu gedacht ist, irgendetwas richtig oder gut zu machen. Sie soll Ihnen lediglich Entspannung bringen und Ihnen das Eintauchen in Ihre eigenen inneren Bilder ermöglichen. Machen Sie sich deshalb frei von jeder Anstrengung, den Anregungen der vorgegebenen Reise exakt folgen zu müssen; diese sind immer nur Angebote, die Sie nutzen können, um das Ihre daraus entstehen zu lassen. Folgen Sie der Geschichte möglichst locker und unverkrampft, dann werden sich die Bilder von alleine einstellen.

Vorbereitung

Im Zustand der Entspannung haben wir einen Zugang zu unserem Unterbewusstsein, das uns mit inneren Bildern beschenken kann. Bevor wir in das Reich unserer Fantasie eintauchen, bedarf es einer Phase der Sammlung und Ruhe, um bei uns selbst anzukommen und anderes loszulassen, wenigstens für einen gewissen Zeitraum.
Ich möchte Ihnen auch hier wieder ein Beispiel für eine Einführung zeigen, die so oder ähnlich jeder Fantasiereise vorangestellt sein sollte.

Mach es dir bequem.
Nimm einige kräftige Atemzüge.
Schließe die Augen
und entspanne dich.
Lass alles fallen, was dich im Moment beschäftigt.
Du brauchst an keinem Gedanken festzuhalten.
Du darfst darauf vertrauen,
dass alles, was dir wichtig erscheint,
auch wieder den Weg zu dir zurückfindet,
wenn du es nun für kurze Zeit beiseite legst.
Lass die Gedanken ziehen,
bleibe ganz bei dir.

Lenke die Aufmerksamkeit auf deinen Atem.
Atme in dein inneres Zentrum, deine eigene Mitte.
Spüre deinen Atem fließen,
du brauchst auch ihn nicht zu steuern.
Werde ganz ruhig,
sei ganz bei dir.

Und wenn du magst,
lass dich nun einladen
auf eine Reise in die Welt deiner Fantasie,
deiner inneren Wahrheit
und deines inneren Wissens.

Zurückkommen

Um das Land der Fantasie zu verlassen, sollte eine sanfte
Rückführung uns wieder in den hiesigen Raum geleiten.
Dies soll erneut als Anregung dienen:

Wenn die Zeit des Abschieds gekommen ist,
so sage Lebewohl
und gehe deines Weges.

In deinem Tempo
und auf deine Weise
komme zurück.

Nimm einige tiefe Atemzüge,
spreize deine Finger und Hände,
recke und strecke dich
und öffne die Augen.

Für das Hier und Jetzt.

Nachbereitung

Nehmen Sie sich im Anschluss an die Fantasiereise Zeit, um das Erlebte und Gesehene nachwirken zu lassen. Vielleicht möchten Sie manche Bilder im Nachhinein noch einmal betrachten, möchten sie verstehen oder in ein Gefüge einordnen. Möglicherweise ist Ihnen danach zumute, die erlebte Geschichte aufzuschreiben oder die Bilder zu malen. Tun Sie, wonach es Sie beliebt!

In der Rolle des Leitens

Wenn Sie die Fantasiereisen als Leiter/in von (Selbsterfahrungs-)Gruppen machen möchten, dann ist es wichtig, dass Sie sich angemessen auf diese Aufgabe vorbereiten und für eine gute Atmosphäre sorgen: Üben Sie das Sprechen zuvor für sich; lesen Sie den Text sorgfältig, nehmen Sie sich selbst dabei auf und folgen Ihrer eigenen Stimme, um zu spüren, wo evtl. Verbesserungen nötig sind; lassen Sie genügend Zeit, damit die Teilnehmer ihre Bilder entwickeln können; versetzen Sie sich in die Teilnehmer, um Ihr Sprechtempo und Ihren Tonfall den Bedürfnissen anzupassen; schaffen Sie auch hier ein behagliches Ambiente, halten Sie Kissen, Matten und Decken bereit und sorgen evtl. für Musikuntermalung, die zum Text passend sorgfältig ausgewählt ist. Vermeiden Sie Nebengeräusche und bieten Sie im Anschluss an die Fantasiereise eine Nachbereitung an, damit die Teilnehmer die Möglichkeit haben, das Erlebte auszudrücken. Dies kann durch den Austausch und das Gespräch untereinander geschehen, aber auch durch Formen des kreativen Ausdrucks, z. B. Schreiben, Malen, Tanzen etc. Legen Sie die Materialien dazu rechtzeitig bereit, um unnötige Unterbrechungen zu vermeiden.

Erklärendes zum Ritual

Definition und Wirkung

Das Ritual ist eine Zeremonie und besteht aus einer bestimmten Abfolge von Schritten, die oft zur gleichen Zeit und am selben Ort unternommen werden (z. B. Begrüßung, Verabschiedung, Zubettbringen des Kindes). Das Ritual ist ein Brauch in Worten, Gesten und/oder Handlungen und markiert oft Übergänge in neue Lebensstufen (z. B. Taufe, Hochzeit, Beerdigung).

Zeremonien machen deutlich, dass ein neuer Abschnitt beginnt und helfen dabei, die Angst vor dem Ungewohnten abzubauen und die Veränderungen anzunehmen.

Man unterscheidet Alltagsrituale und spirituelle/therapeutische Rituale. Alltagsrituale sind Gewohnheiten, die wir zwar stets wiederholen, die aber meist unbewusst ablaufen und keinen »tieferen« Sinn haben (z. B. das morgendliche Zähneputzen, der wöchentliche Großeinkauf oder das tägliche Zeitunglesen in der Straßenbahn). Auch Fest- und Feierrituale, die den Jahreskreis markieren, gehören dazu.

Spirituelle/therapeutische Rituale dagegen wollen bei »vollem Bewusstsein« die Seele ansprechen, Veränderungen herbeiführen und/oder sich einem Gebet gleich mit höheren Kräften verbinden.

Schon immer vollziehen Menschen Rituale, um auf drei Ebenen zu reifen:

- individuell: eigenes psychisches Wachstum
- gesellschaftlich: Aufgenommensein in Gemeinschaft und Einbindung in sozialen Zusammenhang
- kosmisch: Einbindung in eine höhere Ordnung, die über unseren Planeten hinausgeht; Sehnsucht nach Verschmelzung mit Gott

Jeder Ritus hat eine Ausrichtung und eine Absicht. Spirituelle/therapeutische Rituale, wie ich sie in diesem Buch vorschlage, fördern das persönliche Wachstum und stoßen Entwicklungen an. Sie sind im Alltag leicht umsetzbar, weil sie wenig oder keiner Vorbereitung bedürfen und daher an fast jedem Ort durchführbar sind. Hier gilt tatsächlich der Spruch: Kleiner Aufwand – große Wirkung!

Anleitung

Nehmen Sie sich genügend Zeit (inklusive der Nachbereitung etwa 45 Minuten) für das Ritual. Sorgen Sie dafür, nicht gestört zu werden. Schaffen Sie sich ein angenehmes Ambiente, indem Sie sich wohl und sicher fühlen. Oder gehen Sie hinaus in die Natur. Suchen Sie sich ein schönes Plätzchen, an dem Sie sich ungestört und unbeobachtet fühlen können. Unter freiem Himmel haben Rituale oftmals eine noch stärkere Wirkungskraft, vielleicht weil die Energie keine Mauern zu durchdringen braucht. Sollten zusätzliche Materialien gebraucht werden, können Sie diese Informationen der Beschreibung des Rituals entnehmen.

Denken Sie daran: Das Ritual hat genau so viel Bedeutung, wie Sie ihm selbst geben. Es kann seine psychische Wirkung nur entfalten, wenn Sie sich ganz darauf einlassen und seine Symbolik respektieren.

Vorbereitung

Gönnen Sie sich vor dem Ritual eine kurze Phase der Entspannung, um sicher zu gehen, dass Sie bei sich angekommen sind und sich dem Ritual auch innerlich zuwenden können. Hierfür möchte ich Ihnen wieder ein Beispiel zeigen:

Ich mache es mir bequem
und schließe meine Augen.

Jetzt ist Zeit,
um zur Ruhe
und bei mir selbst anzukommen.

Ich fühle in meinen Körper hinein
und spüre den Kontakt zur Erde.
Mein Körper mag zunehmend schwerer werden,
mein Herz hingegen immer leichter.

Ich beobachte meinen Atem.
So, wie er immer gleichmäßiger wird,
kann auch ich zur Ruhe kommen.
Alle Anstrengung und Anspannung lasse ich los,
lasse sie mit dem Ausatmen abfließen.
Ich spüre die Entspannung,
die sich mehr und mehr in mir breit macht.

Nichts braucht jetzt wichtig zu sein.
Nichts braucht mich abzulenken.
Meine Gedanken lasse ich ziehen,
ohne ihnen hinterher zu sehen.
Nur jetzt hier sein, das genügt.
Nur bei mir sein, das genügt.
Nun will ich mich öffnen,
dem, was kommen mag
und vertrauen darauf:
Es will mir Gutes.

Zurückkommen
Da die Rituale mit Gesten, Worten und/oder Handlungen
verbunden sind, ist das Bewusstsein »hellwach« und braucht
nicht wieder »geweckt« zu werden, wie in der Meditation

24

oder Fantasiereise. Dennoch ist es sinnvoll, einen klaren »Schnitt« zu machen, damit der Abschluss des Ritus und der Übergang in den Alltag verdeutlicht wird, z.B. indem Sie eine deutlich andere Körperhaltung einnehmen und mehrfach tief ein- und ausatmen.

Nachbereitung

Auch nach einem Ritual tut es gut, sich Zeit zu lassen, bevor der Alltag wieder beginnt mit all seinen Aufgaben, Terminen und Verpflichtungen. Gönnen Sie sich eine Phase des Nachwirkens, in der Sie bewusst nachspüren, wie Sie sich während des Rituals fühlten und wie es Ihnen jetzt geht bzw. wonach Ihnen nun zumute ist. Mag sein, dass Sie das Bedürfnis haben, Ihre momentanen Gefühle und Ihr Befinden zum Ausdruck (z. B. durch Aufschreiben, Malen etc.) zu bringen oder jemandem davon erzählen möchten. Tun Sie, wonach Ihnen ist, um die rituelle Zeremonie für sich abzurunden.

In der Rolle des Leitens

Innerhalb einer Gruppe verstärkt sich die Erfahrung mit Ritualen noch einmal deutlich: Die Zeremonie wird »mächtiger«, weil mehr Energie in Bewegung kommt, und der Symbolcharakter sowie die Wirkung erhöhen sich dadurch, dass es »Zeugen« gibt, die die eigene Bereitschaft zur Veränderung miterlebt haben.

Eine sehr spannende und wunderbare Sache!

Sorgen Sie im Vorfeld dafür, dass sich die Teilnehmer wohl fühlen können, indem Sie den Raum entsprechend angenehm gestalten und alle nötigen Materialien zur Verfügung haben. Sie selbst können an dem Ritual nach kurzer Erläuterung auch teilnehmen, wenn Sie nicht als »Zeremonienmeister« gebraucht werden, der während des Ritus Aufgaben zu erledigen hat.

Freude (er)leben

Ohne Freude gliche unser Dasein wohl wirklich einem elenden Dahinsiechen in lebloser Wüstenlandschaft. Doch Freude gibt es – zum Glück – überall zu entdecken: in den großen und klitzekleinen Wundern des Lebens.

Freuden

Einen Baum pflanzen
ein Brett hobeln
aus groben Steinen eine Stützmauer bauen
im Gras liegen und die Wolken betrachten
lieben
für eine gute Sache kämpfen
für einen Menschen sich einsetzen
einen Käfer vor dem Ertrinken bewahren
einen Baum zeichnen
ein Schneefeld hinabrutschen
Drachensegeln
Pellkartoffeln mit Quark und Zwiebeln essen
im Mai sich vollregnen lassen
schweigen, ohne einsam zu sein
bei grellem Sonnenlicht in grünen Schatten blicken
mit einem alten Landwirt über Wachstum sprechen
eine ehrliche Arbeit beenden
müde in den Schlaf sinken
neuen Most aus einem Steinkrug trinken
die feuchte Luft im Wald
nach einem Sommerregen
atmen ...

Peter Bloch

Freude ist überall dort – wo ich meine Augen öffne.
Freude ist in mir – wenn ich mein Herz öffne.
Freude bin ich – wenn meine Seele sich aufmacht.

Pfad der Freude

Hast du Lust, auf dem Pfad der Freude zu wandern?
Dann komm mit, lass alles andere stehen und liegen.
Wenn du aus dem Haus trittst, siehst du ihn schon,
den Pfad der Freude.
Folge ihm nach und du wirst wunderschöne
Erlebnisse haben.

Der Pfad führt dich zunächst
auf eine große Blumenwiese.
Inmitten steht ein buntes Karussell.
Ein Karussell mit lustigen Tieren und originellen
Fahrzeugen, wie es auf jedem Jahrmarkt
die Herzen der Kinder höher schlagen lässt:
»Komm, steig ein!«, ruft das Karussell.
»Wir drehen uns mit dem Wind um die Wette!
Na los, hab Mut! Es wird sehr lustig werden!«

Vielleicht ein wenig schwindlig,
aber gewiss ausgelassen und erheitert
nach dieser rauschenden Fahrt,
lässt du dich auf der weichen Wiese nieder.
Während sich dein Puls wieder normalisiert,

Freude

schweifen deine Augen umher,
um die Schönheit dieses Fleckchens Erde
zu bewundern und zu genießen.

Da kommt aus einem Busch
ein kleines, süßes Kätzchen hervor.
Miauend läuft es auf dich zu
und streift an deinem Körper entlang.
Es will sich für eine Weile anschmiegen
und auf deinem Schoß einkuscheln.
Kaum beginnst du es zu streicheln,
fängt es schon wohlig an zu schnurren.

Die Katze geht nun wieder ihren Weg.
Deinem inneren Kind noch sehr verbunden,
hast du mehrere Ideen zugleich,
was du auf dieser herrlichen Sommerwiese
machen könntest:
Blumen pflücken! Kränze flechten!
Purzelbäume schlagen! Regenwürmer beobachten!
Auf Grashalmen pfeifen! ...
Tu, wonach dir gerade am meisten ist, mit ganzer Seele!

Wenn du magst, dann folge nun dem Pfad weiter.
Du kommst an einer kleinen Holzlaube vorbei,
aus der du schöne Musikklänge hörst.
Neugierig schaust du hinein.
Darin steht dein Partner/deine Partnerin
an die Wand gelehnt
und lächelt dir liebevoll zu.
Die Hände nach dir ausgestreckt,
28 kommt er/sie auf dich zu und sagt:

»Ich habe hier auf dich gewartet!
Höre, das ist unser Lied! Komm, und tanz mit mir.«
Und während eure Körper in alter Vertrautheit
sich zärtlich aneinander schmiegen
und sich im Gleichtakt bewegen,
flüstert deine Liebste/dein Liebster Worte,
die nur für deine Ohren und dein Herz bestimmt sind.

Wenn euer Tanz zu Ende ist,
dann verabschiede dich,
um erneut dem Pfad der Freude zu folgen.
Die Sonne steht nun hoch am Himmel, es ist heiß.
Du gehst weiter, bis du an einen kleinen See kommst.
Dieser spricht zu dir:
»Ich sehe, wie dich die Hitze plagt.
Lass dich einladen, in meiner Kühle zu baden.«
Dankend nimmst du das Angebot an.

Nachdem du einige Runden geschwommen bist
oder genüsslich mit dem Wasser gespielt hast,
steigst du aus dem See
und legst dich nackt auf einen großen, warmen Stein.
Die Sonnenstrahlen und der warme Wind
streicheln dich,
bis deine Haut und dein Haar
wieder trocken sind und du weitergehst.

Nach einer Weile des Wanderns
kommt dir lachend ein Kind entgegengelaufen.
Es rennt in deine Arme und ruft voller Begeisterung:
»Komm mit, ich zeig dir was!«
Es nimmt dich an der Hand und führt dich

zu einem schönen Spielplatz
im Schatten unter Bäumen.
Du lässt dich von seiner Begeisterung anstecken
und zusammen tobt, rutscht und schaukelt ihr,
bis ihr lachend ins Gras fallt.

Das Kind möchte noch bleiben,
du jedoch willst deinem Pfad weiter folgen.
So nehmt ihr Abschied voneinander.
Und wieder gehst du
und nimmst die Landschaft in dir auf,
hörst den Gesang der Vögel,
atmest den Duft des Sommers.

Bald kommst du zu einer Bank,
auf der ein alter Greis sitzt.
Er lächelt dich an und du setzt dich neben ihn.
Eine Weile unterhaltet ihr euch,
dann fragt dich der Alte:
»Würdest du mich ein Stück begleiten und stützen?
Meine Beine sind schon sehr müde
und alleine schaffe ich den Weg nicht mehr.«
So bietest du ihm deinen Arm,
an dem er sich dankbar festhält,
und gemeinsam folgt ihr dem Pfad.

Der Alte erzählt bewegende Geschichten
aus seinem Leben
und abwechselnd voller Achtung, Zärtlichkeit,
Mitgefühl und Bewunderung hörst du ihm zu.
»Gleich sind wir da«,
30   unterbricht er sich nach geraumer Zeit.

»Dort vorne ist das Ziel.«
Und er bedankt sich mit einer sanften Verbeugung
für dein Geleit und dein offenes Herz.

Kaum um die nächste Biegung,
weist auch du, dass du angekommen bist:
Dort steht ein großer runder Tisch
mit köstlichen Erfrischungen und Speisen reich gedeckt.
Daran sitzen alle Menschen, die du liebst
und die dir von Herzen zugetan sind.
Winkend und rufend laden sie dich ein,
in ihrer Runde Platz zu nehmen.

Aufrecht stehen, tiefes Einatmen, Ausstrecken nach oben,	*Freude nährt und stärkt mich, lässt mich wachsen.*
Arme nach vorne in offene Haltung bringen und den Kopf langsam von einer zur anderen Seite wenden,	*Ich will meine Augen und mein Herz offen halten für Menschen und Dinge, die mir Freude bringen.*
Hände auf die Brust legen und nacheinander weit zur jeweiligen Seite ausstrecken (gebende Geste).	*Ich selbst will auch für andere Grund zur Freude sein.*

Innere Ruhe erlangen

Inmitten unserer lauten Welt, unseres hektischen Alltags-
treibens und unserer Rastlosigkeit brauchen wir Momente, die uns unsere innere Ruhe wieder finden lassen, um
zu hören und zu spüren, was wirklich wichtig ist.

Was ich dir wünsche?

Nicht,
dass du dein Leben
verbringen sollst
unberührt von den Menschen,
irgendwo in der Stille an einem See,
als wären alle Tage Ferien.

Aber ich wünsche dir,
dass du hin und wieder eine Stunde hast,
in der deine Seele still liegt
wie Wasser
und das Licht sich in ihr spiegelt.

Ich wünsche dir,
dass du absehen lernst
von deiner eigenen Kraft
und stehen, zart und biegsam
wie ein Wollgras,
das in dem Seegrund Halt hat,
in dem es steht.

Jörg Zink

> Stille ist der Schlüssel — zu dem Raum in mir.
> Stille ist in mir — und macht mich hören.

STRANDGUT

Stell dir vor, du bist am Meer.
Sieh die Weite des grünblauen Wassers vor dir.
Sie reicht bis zum Horizont.

Du stehst so nah am Wasser,
dass du bei einer Welle spüren kannst,
wie das kühle Nass deine Fußknöchel umspielt.
Der Sand ist warm und weich.
Die Sonne verschenkt ihre Strahlen reichhaltig.
Spüre ihre Wärme auf deiner Haut.
Es geht ein leichter, angenehmer Wind.
Er streichelt dein Gesicht und spielt mit deinem Haar.
Du kannst die Augen schließen
und auf das Rauschen des Meeres hören.
Hier und da vernimmst du
den heiseren Schrei einer Möwe.
Atme die salzige Luft ein,
berausche dich an dem Geschmack der Weite
und Endlosigkeit.

Wenn du magst, wähle nun eine Richtung
und gehe am Strand entlang.
Weit und breit ist kein Mensch zu sehen.

Ruhe

Nur du und das Meer.
Setze behutsam Schritt vor Schritt,
spüre den Sand unter deinen Füßen,
vielleicht magst du auch im seichten Wasser waten.
Du kannst das Glitzern des Sonnenlichts
auf den Wellen funkeln sehen.
Der Strand liegt voller Muscheln,
in verschiedenen Größen und Formen,
edle Geschenke des Meeres an uns Landwesen.
Der Wind bläst in dein Haar
und raschelt in deinen Kleidern.
Du kannst den Frieden dieses Bildes aufnehmen
in dein Gemüt.
Du kannst Freiheit spüren, Offenheit,
Vertrauen und Liebe.

In der Ferne ist nun ein Punkt auszumachen.
Dort scheint etwas im Sand zu liegen.
Zwar neugierig geworden,
aber dennoch gemäßigten Schrittes gehst du darauf zu.
Nun bist du nah genug, um erkennen zu können,
was es ist: eine große Holztruhe
mit messingfarbenen Eisenbeschlägen.
Sie ist unverschlossen.
Wenn du magst,
kannst du mit geringer Kraftanstrengung
den schweren Deckel öffnen und nachsehen,
welche Schätze darin für dich verborgen sind.
...

Auf den Knien, gebende Geste nach vorne mit den Händen,	*Hergeben will ich – was zu viel ist – was mich nicht zur Ruhe kommen lässt.*
Hände zurückholen und Handflächen vor Brustmitte aneinander legen.	*Nehmen will ich – was meine Seele braucht – um still werden zu können.*

Mein Selbst erkennen

Wer bin ich? Diese Frage beschäftigt die Menschen seit jeher. Und es kann keine allgemeingültige Antwort darauf gegeben werden. Nur jeder selbst kann herausfinden, was er ist und beschließen, wie er sein will.

Es ist das Wichtigste, was wir im Leben lernen können:
das eigene Wesen zu finden und ihm treu zu bleiben.
Allein darauf kommt es an,
und nur auf diese Weise dienen wir Gott ganz:
dass wir begreifen, wer wir selber sind,
und den Mut gewinnen, uns selber zu leben.
Denn es gibt Melodien, es gibt Worte,
es gibt Bilder, es gibt Gesänge,
die nur in uns, in unserer Seele schlummern,
und es bildet die zentrale Aufgabe unseres Lebens,
sie auszusagen und auszusingen.
Einzig zu diesem Zweck sind wir gemacht;
und keine andere Aufgabe ist wichtiger,
als herauszufinden,
welch ein Reichtum in uns liegt.
Erst dann wird unser Herz ganz,
erst dann wird unsere Seele weit,
erst dann wird unser Denken stark.
Und erst mit allen Kräften, die in uns angelegt sind,
dienen und preisen wir unseren Schöpfer,
wie er es verdient.

Eugen Drewermann

INNERSTES ZENTRUM

Stell dir nun vor, es ist ein herrlicher Sommertag
und du wanderst in einem Wald.
Furchtlos und frohen Mutes gehst du deinen Weg.
Spüre das Moos unter deinen Schritten,
atme die frische Luft tief in deine Lungen,
nimm den Geruch von Harz und Rinde wahr.
Sei ganz der Weg, den du gehst.
Lass dich von deinem inneren Wissen leiten,
das dich auf dem rechten Pfad führen wird.

Nun siehst du weiter vorn eine Höhle.
Gehe auf die Öffnung zu und trete ein,
denn du weißt, dir wird nichts geschehen.
Diese Höhle führt in dein innerstes Zentrum,
das von guten Mächten
stets geborgen und beschützt ist.
Folge dem Gang,
der dich immer tiefer ins Innere der Höhle führt.
Habe keine Angst, sei mutig und entschlossen,
deiner inneren Weisheit zu begegnen.
Der Gang endet vor einer großen Tür
mit der Aufschrift: »Mein innerstes Zentrum«.
Öffne die Tür und trete ein,
neugierig gespannt, aber nicht ängstlich.

37

Sieh dich genau um.
Gehe in dem Raum umher
und nimm dir genügend Zeit, ihn zu betrachten.
Was siehst du?
Vielleicht ist jemand hier,
ein Mensch, ein Tier,
oder ein deiner Fantasie entsprungenes Wesen.
Wenn du eine Frage auf dem Herzen hast, so stelle sie.
Vielleicht bekommst du eine Antwort,
hörst du eine Stimme.
Mag sein, jemand reicht dir etwas
oder du findest einen Gegenstand.
Achte auf Bilder oder Symbole,
die in diesem Raum sein könnten.
Du musst nicht versuchen, irgendetwas zu verstehen,
lass die Eindrücke einfach auf dich wirken.
Nichts braucht dich zu verunsichern
oder gar zu beängstigen.
Alles, was dir begegnet, ist ein Teil von dir,
gehört zu dir.
Nimm in dich auf, was du sehen, hören,
riechen, schmecken und tasten kannst.
Spüre die Kraft, die von diesem Ort ausgeht
und atme sie in dich ein.
Nun schaue dich noch einmal um
und nehme dann Abschied von diesem Platz in dir.
Du weißt, dass du jederzeit
hierher zurückkommen kannst.

Verlasse den Ort deiner zentrierten Kraft
und gehe durch die Tür zurück in den Gang der Höhle.
Folge dem Weg hinaus ins Freie.

Fühle, wie du voller Energie und Stärke bist.
Lass dich dem Pfad durch den Wald zurück folgen.

Aufrecht stehen, Arme nach oben ausstrecken,	*Ich will mich hineinwachsen lassen –*
Arme seitlich ausstrecken,	*in das volle Maß dessen, was mir gegeben ist –*
Kopf einziehen, Arme gekreuzt vor Brust pressen,	*und will mich nicht unterdrücken, klein machen, festhalten …, –*
wieder aufrichten und Arme ausstrecken,	*sondern will mir das volle Maß dessen gönnen, was mir gegeben ist und das Meine daraus machen.*
Arme liebevoll um mich selbst legen.	*Ich will für mich sorgen und bei mir bleiben.*

Entscheidungen treffen

Wie oft sind wir vor die Wahl gestellt und wissen nicht recht, welche Entscheidung die »richtige« ist!? Denn es gibt immer Vor- und Nachteile, egal, wie wir wählen. Der höchste Preis jedoch, den wir bezahlen, ist der der Erstarrung: wenn wir keine Entscheidung treffen.

Bewohne deine Handlungen,
sei in den täglichen kleinen Pflichten
so wie in den Abenteuern,
die dich tief berühren.

Sei in deinen Worten
oder sprich sie nicht,
wenn du sie nicht meinst.

Entdecke deine ganz eigene Meinung
und übernimm nicht unbesehen
die Ansichten anderer,
die dein Leben nicht leben werden.

Sei in deinen Augen,
lass dein Inneres durch sie sichtbar werden.
Sei du da, wo du bist.
Jeder Tag ist einmalig
und jeder Begebenheit ist etwas abzugewinnen.

Schaffe dir ein Heim in dir selbst,
so dass du gern bei dir bist
und dich mit dir selbst wohl fühlst.

Du, und nur du,
hast am Ende dein Leben zu leben,
darum kannst nur du entscheiden.

Ulrich Schaffer

Ich habe eine Frage – in mir ist auch die Antwort

DIE WEISE ALTE

Stell dir nun vor, es ist ein herrlicher Sommertag.
Du wanderst allein
inmitten einer wunderschönen Berglandschaft.
Die Sonne scheint ziemlich heiß,
gleichzeitig weht ein angenehmer Wind,
der die Hitze erträglich macht.

Der Weg, auf dem du gehst,
besteht aus losen Kieselsteinen,
die bei jedem Schritt
unter deinen festen Schuhen knirschen.
Der Pfad führt stetig bergauf,
du selbst jedoch bestimmst dein Tempo,
so dass das Gehen dir keine Mühe bereitet.

Du bist von saftig grünen Wiesen umgeben,
auf denen allerlei Blumen blühen.
Der wolkenlose Himmel
spannt sein helles Blau wie ein Zelt über dir.

Ab und zu kannst du einen Adler
seine Kreise ziehen sehen.

Während du so in Frieden mit dir unterwegs bist,
formt sich eine Frage in deinem Kopf,
die dich derzeit am meisten beschäftigt.
Du brauchst sie nun nicht zu beantworten,
aber sei dir ihrer bewusst
und formuliere sie so konkret, wie es dir möglich ist.

Lass dich den Weg weitergehen,
der nun immer steiler
und somit auch anstrengender wird.
Die Luft ist nun merklich kühler.
Dankend kannst du diese Erfrischung einatmen
und auf deiner erhitzten Haut spüren.

Immer öfter führt dich der Weg
nun um kantige Felsen herum.
Wenn du magst,
kannst du dich zur Pause
auf einem dieser großen Steine niederlassen.
Vielleicht möchtest du deine Waden
ein wenig massieren,
vielleicht magst du die Augen schließen
und wahrnehmen, wie dein Puls ruhiger wird,
oder du sitzt einfach nur da,
betrachtest das Panorama um dich herum
und genießt die Stille und ihren Frieden.

Und wieder fällt dir deine Frage ein
und drängt dich, weiter zu gehen.

Stellenweise wird der Weg nun so uneben,
dass du ihm deine ganze Aufmerksamkeit
widmen musst,
um nicht zu stolpern.

Zuweilen musst du auch ein wenig klettern,
um vorwärts zu kommen.
Als du einen weit ausladenden Felsvorsprung
umwunden hast,
fällt dein Blick auf eine große Wiese,
die in der Ferne vor dir liegt.
Sie ist zum großen Teil von Wald schützend umgeben,
darauf steht eine kleine hölzerne Berghütte,
aus deren Schornstein Rauch aufsteigt.

Du wanderst darauf zu,
freust dich daran, plötzlich ein Ziel zu haben,
denn der Tag neigt sich langsam seinem Ende zu.
Je näher du kommst,
desto deutlicher wird das Bild:
der aus Steinen gebaute Brunnen vor der Hütte,
die vielen hübsch bepflanzten Blumenkästen
rund um das Häuschen,
die gespannte Leine, an der verschiedene Wäschestücke
im leichten Wind tanzen.

Neugierig, wer hier wohl sein Zuhause haben mag,
gehst du langsam darauf zu.
Nun erreicht der Geruch von gebratenem Speck
und frisch gebackenem Brot deine Nase
und du spürst plötzlich, wie hungrig du bist.
Da geht die Tür auf.

Eine freundlich dreinblickende alte Frau erscheint darin.
Sie winkt dich herbei.
Ihre Erscheinung strahlt so viel Wärme
und Herzlichkeit aus,
dass du nicht einen Moment zu zögern brauchst,
um ihrer Aufforderung nachzukommen.

Zur Begrüßung nickend
nimmt sie deine Hand und führt dich ins Innere der Hütte.
Du lässt deinen Blick schweifen
und fühlst dich versetzt in das Reich der Märchenwelt
aus deinen Kindertagen,
als von Kräuterhexen und Waldfeen die Rede war.
Staunend nimmst du alles in dir auf.

Die Alte führt dich an den Tisch
in der Mitte des einzigen Raumes.
Er ist für zwei Personen gedeckt,
als hätte die Frau noch mit deinem Besuch gerechnet.
Schweigend esst ihr das köstliche Mahl,
und du kannst den Blick kaum von der Frau abwenden,
die dir gegenüber sitzt.

Sie vermittelt den Eindruck,
als sei es für sie eine zu erwartende
Selbstverständlichkeit,
dass du hier sitzt und sie das Abendessen mit dir teilt.
Sie erwidert deinen neugierigen Blick
mit sanften, lächelnden Augen.
Ihr Blick ist wissend, verstehend und liebend zugleich.
Diese weise Alte strahlt Ruhe und Zufriedenheit aus,
und du kannst dich von ihrer Aura anstecken lassen.

Nun, nachdem du satt bist
fühlst du dich rundum wohl und geborgen.
Deine Frage fällt dir wieder ein.
Und plötzlich weißt du,
dass die alte Weise die Antwort darauf kennt.

Eine Antwort, die auch in dir selbst zu finden ist,
wenn du der Stimme deines inneren Wissens
Gehör schenkst.
Denn die alte Frau, die dich so liebevoll anlächelt,
ist keine geringere, als deine eigene innere Wahrheit.

Dich ganz dem Vertrauen überlassend,
dass dich bis hierher geführt hat,
stellst du der Frau mit dem großen Herz
und dem wissenden Blick
deine Frage:

...

Stellen Sie zwei Stühle auf. Der linke Stuhl steht für den »inneren Zustimmer«, der rechte Stuhl für den »inneren Ablehner«.

Machen Sie sich die Alternativen klar, zwischen denen Sie wählen sollen oder können.

Konzentrieren Sie sich nun auf Alternative 1 und setzen Sie sich, ihr ganz zugewandt, zuerst auf den rechten Stuhl. Hören Sie sich alle kritisierenden Argumente wertfrei an, die Ihr »innerer Ablehner« dazu vorbringt. Schreiben Sie sie auf.

Nun setzen Sie sich auf den linken Stuhl und schenken den dafürsprechenden Punkten Ihres »inneren Zustimmers« Gehör. Schreiben Sie alle Gedanken und Argumente auf, wie sie kommen, und sollten sie Ihnen noch so unwichtig oder lächerlich erscheinen.

Genauso verfahren Sie mit Alternative 2 (und evtl. 3 oder mehr).

Nun haben Sie eine Menge an Informationen und Eindrücken aus Ihrem Unterbewusstsein, die Ihnen das Fällen der Entscheidung leichter machen können.

Wichtig: Geben Sie jeder Seite maximal 10 Minuten Zeit, nicht mehr! Und treffen Sie vorneweg die Entscheidung, DASS Sie eine Entscheidung treffen werden!

Gelassenheit finden

Wie oft ertappen wir uns dabei, alles in unserem Leben bestimmen und kontrollieren zu wollen? Doch nicht selten wäre genau das Gegenteil der Schritt zur Lösung: das Loslassen. Gelassenheit immer wieder aufs Neue zu finden, schafft Raum in uns, mit dem wir der erlebten Enge begegnen können.

Die letzten Strahlen
der untergehenden Sonne
zeigen den Weg
den ich gerne gehen möchte

Die Wolken
getrieben vom Wind
zeigen den Weg
den ich gerne gehen möchte

Das Knistern des Laubes
unter meinen Füßen
sagt
lass dich fallen
und du findest den Weg
in die Freiheit

Margot Bickel

BAUM DER GELASSENHEIT

Es ist ein schöner Frühlingstag
und die Sonne lockt dich nach draußen.
Stelle dir vor, wie du dieses Haus verlässt,
und gehst, bis du an den Rand
eines großen, dichten Waldes gelangst.

Du bist nun fern von jeder Straße
und den Häusern mit ihren Menschen.
Du bist allein, fühlst dich aber nicht einsam.
Lass es dir mit dir selbst gut gehen.

Staunend und ehrfürchtig
kannst du die hohen Bäume vor dir betrachten,
deren Kronen bis in den blauen Himmel reichen.
Spüre die wärmenden Strahlen der Sonne
auf deinem Körper und gleichsam die kühlere Luft,
mit der der Wald dich willkommen heißt.

Und wenn die Zeit gekommen ist,
dann setze einen Schritt vor den anderen,
um langsam in das Reich der Bäume einzutreten.

Du brauchst keinem vorgegebenen Weg zu folgen,
gehe einfach den Hinweisen deines Herzens nach.

Lass dich von einem inneren Vertrauen führen.

So gehst du immer tiefer in den Wald hinein,
nimmst den Gesang der Vögel in dir auf,
hörst auf das Rascheln der Blätter im Wind,
riechst den Duft des Waldes:
das Harz, die Erde, die Rinde, das Moos;
atmest die erfrischende Waldluft
bis tief in deine Lungen,
spürst den weichen Boden unter dir,
der sich deinen Füßen bei jedem Schritt
anzupassen scheint,
siehst, wie einzelne Strahlen der Sonne
durch die Wipfel fallen
und sich ein zauberhaftes Licht um dich verbreitet.

Und vielleicht kannst du fühlen,
wie sich die Ruhe des Waldes auf dich überträgt,
wie du dich ihm verbunden fühlst.

Wenn du magst, so bleibe nun stehen
und schaue dich um.
Richte dein Augenmerk
auf einen der umstehenden Bäume, gehe auf ihn zu.

Du kannst deine Hände ausstrecken
und sanft über die raue Rinde streichen.
Vielleicht magst du den Baum umarmen,
deine Wange an ihn schmiegen.
Nimm seinen Geruch in dir auf
und spüre seine Energie.

Schließe die Augen
und ertaste deinen neu gewonnenen Freund.
Spüre die Furchen der Rinde, das klebrige Harz,
die Mulde eines Astloches, ...

Nimm die starke Kraft wahr,
die dieser Baum in sich trägt,
um sich aus einem einst kleinen Keim
in eine so große Pflanze entwickeln zu können.

Du darfst dir von dieser Kraft nehmen,
so viel du brauchst,
sie wird dadurch nicht weniger.

Versuche dir vorzustellen,
wie viel Zeit in diesem Wachstum vergangen ist.
Und all die vielen Jahre steht der Baum nun schon
an dieser Stelle, fest verwurzelt,
aufrecht sich dem Licht entgegenstreckend.

Du kannst ihn zu deinem Lehrmeister
der Geduld und der Gelassenheit machen.

Kraftvoll und sich seiner Stärke bewusst
lässt sich der Baum nicht aus der Ruhe bringen.
Der Wind spielt in seinen Zweigen,
streichelt seine Blätter und wiegt ihn sacht hin und her,
aber er vermag den Baum nicht umzuwerfen.
Regen, Schnee und Hagel
massieren seine hölzerne Haut,
ohne ihm Schaden zuzufügen.

Tiere sind ihm lieb gewonnene Gefährten,

denen er Schutz und Nahrung bietet.
Er spendet Schatten und reinigt die Luft.

Der Baum ist, was er ist, und er weiß, dass es gut ist so.
Er vollbringt keine ruhmreichen Taten,
macht keine Schlagzeilen
und erntet keinen Beifall.
Er wächst still und gelassen vor sich hin,
im Bewusstsein, Teil eines Ganzen zu sein,
getragen von der hohen Macht der Natur.

Wenn du magst, sprich mit ihm, er ist ein guter Zuhörer.
Und wenn du dein Herz weit machst,
kannst du vielleicht auch seine Antworten hören.

Wenn die Zeit gekommen ist, dann nimm Abschied
von deinem dir so vertraut gewordenen Baum.

Du kannst ihn liebevoll betrachten
und ihm für diese Begegnung und seine Gaben danken,
die er dir mit auf den Weg gibt.

Nun wende dich von ihm ab
und gehe zurück,
um gestärkt und gelassen
bei dir selbst wieder anzukommen.

Unverkrampft aufrecht stehen, betont bewusstes Ausatmen, die Arme entspannt hängen lassen.	*Ich lasse innerlich los – die Welt – Gewohnheiten, Abhängigkeiten, Wohlstand –*
Betont bewusstes Einatmen, die Hände seitlich ausbreiten und in einer großen Kreisbewegung zum Herzen führen. Innehalten.	*um frei zu sein – ruhig zu werden – in meinem Herzen.*
Unverkrampft aufrecht stehen, betont bewusstes Ausatmen, die Arme entspannt hängen lassen.	*Ich lasse innerlich los – die anderen – ihre Erwartungen an mich, ihr Denken über mich –*
Betont bewusstes Einatmen, die Hände seitlich ausbreiten und in einer großen Kreisbewegung zum Herzen führen. Innehalten.	*um frei zu sein – ruhig zu werden – in meinem Herzen.*
Unverkrampft aufrecht stehen, betont bewusstes Ausatmen, die Arme entspannt hängen lassen.	*Ich lasse innerlich los – mich selbst – meine Sorgen, Ängste, Verletzungen –*
Betont bewusstes Einatmen, die Hände seitlich ausbreiten und in einer großen Kreisbewegung zum Herzen führen. Innehalten.	*um frei zu sein – ruhig zu werden – in meinem Herzen.*

Ein Teil des Ganzen sein

»Wer bin ich denn schon?«, fragen wir uns zuweilen und merken dann vielleicht gar nicht, wie sehr wir uns damit eigentlich abwerten. Natürlich ist keiner von uns perfekt oder unübertrefflich. Und doch ist jeder Mensch ein unverwechselbares Original, eingebunden in den Zirkel des Lebens und des gesamten Universums.

Ein Stück vom Himmel

Neulich sagte mir eine Bekannte: »Ich weiß eigentlich gar nicht, was das Leben für einen Sinn hat. Und noch viel weniger weiß ich, was ich hier soll. Wenn ich ein Goethe wäre oder ein Einstein, dann hätte ich der Welt etwas zu geben, auch über meinen Tod hinaus. Aber mich zeichnen keine besonderen Begabungen aus. Ich bin in jeder Hinsicht ein reiner Durchschnittsmensch.«

»Hast du schon einmal ein Puzzle gelegt?«, fragte ich zurück.

Sie sah mich erstaunt an.

»Ja, klar, früher einmal, 3.000 Teile«, lachte sie.

»Ist es da einmal vorgekommen, dass dir ein Puzzleteil verloren gegangen ist?«

»Ja, das ist mir einmal passiert. Ein blaues Stück fehlte, ein Teil vom Himmel. Davon gibt es ja so viele. Alle sehen sie ähnlich aus und doch ist jedes anders. Ich habe gesucht, selbst im Staubsauger, aber ich habe es nicht mehr gefunden. Zwei Wochen hatte ich an dem Puzzle gearbeitet, und dann war es nicht vollständig. Das sah vielleicht aus.«

»Nun stelle dir einmal vor, die ganze Welt mit allem Leben, das aus ihr hervorgeht, wäre ein Riesenpuzzle, zu dem jeder Mensch an seinem Platz dazu beiträgt, dass das Ganze sich zu einem vollkommenen Bild zusammenfügt. Dann würde, wenn es dich nicht gäbe, der Welt an einer Stelle etwas Wesentliches fehlen. Vielleicht ein Stück vom Himmel!?«

Christa Spilling-Nöker

Einnehmend und ausfüllend –
meinen Platz –
bin ich Teil des Ganzen.

KEINER IST WIE DU

Stell dir vor, du bist ein Kieselstein.
Wie siehst du aus? Schau genau hin.
Da sind Millionen andere Kieselsteine neben dir.
Doch keiner ist genau wie du.
Ein jeder Stein hat seinen Platz.
Und zusammen bildet ihr jenes Bett,
durch das der Fluss fließen kann.

Stell dir vor, du bist ein Stern.
Wie siehst du aus? Schau genau hin.
Da sind Millionen andere Sterne neben dir.
Doch keiner ist genau wie du.
Ein jeder Stern hat seinen Platz.
Und zusammen verleiht ihr der Nacht
das himmlische Leuchten.

Stell dir vor, du bist ein Tropfen Wasser.
Wie siehst du aus? Schau genau hin.
Da sind Millionen andere Tropfen neben dir.
Doch keiner ist genau wie du.
Ein jeder Tropfen hat seinen Platz.
Und zusammen seid ihr der Ozean,
auf dem die Wellen tanzen.

Stell dir vor, du bist eine Blume.
Wie siehst du aus? Schau genau hin.
Da sind Millionen andere Blumen neben dir.
Doch keine ist genau wie du.
Eine jede Blume hat ihren Platz.
Und zusammen schenkt ihr der Erde
euren Duft und eure Farben.

Stell dir vor, du bist eine Schneeflocke.
Wie siehst du aus? Schau genau hin.
Da sind Millionen andere Flocken neben dir.
Doch keine ist genau wie du.
Eine jede Flocke hat ihren Platz.
Und zusammen verleiht ihr der Welt
ein Kleid aus weißem Glitzer.

Stell dir vor, du bist ein Baum.
Wie siehst du aus? Schau genau hin.
Da sind Millionen andere Bäume neben dir.
Doch keiner ist genau wie du.
Ein jeder Baum hat seinen Platz.
Und zusammen sorgt ihr dafür,
dass es Luft zum Atmen gibt.

Du bist ein Mensch.
Wie siehst du aus? Schau genau hin.
Da sind Millionen andere Menschen neben dir.
Doch keiner ist genau wie du.
Ein jeder Mensch hat seinen Platz.
Und zusammen schreibt ihr
die Geschichte, die Leben heißt.

Im Schneidersitz sitzen, (oder aufrecht stehen), mit beiden Händen liebevoll über das Gesicht streichen,	*Meiner Einzigartigkeit –*
Hände auf das Herz legen,	*und Verantwortung bewusst werdend, –*
Arme nach vorne strecken und in ausladender Geste zu den Seiten wegführen, Handflächen dabei nach oben geöffnet halten,	*die Zeichen achtend, –*
mit den Händen den Boden berühren (mit den Füßen bewusst auftreten),	*werde ich meinen Platz (meinen Weg) finden –*
Verbeugen (und ein paar Schritte gehen)	*und ihn dem Ganzen und mir zum Gefallen füllen (gehen) können.*

In der Gruppe

Im Kreis stehen,
einander an der Hand halten.
Bewusstes Ein- und Ausatmen.
Beim Einatmen nehme ich
symbolisch die Gruppe von links
in mich auf; beim Ausatmen
gebe ich mich nach rechts an
die Gruppe weiter.

*Ich bin ein Teil des Ganzen.
Ich gehöre dazu,
mit allem, was in mir ist.
Ich mute mich euch zu, so,
wie ich bin.*

Anregung

Schreiben Sie einen Brief an sich selbst! Zählen Sie darin
auf, was Sie geleistet haben, worin Ihre Fähigkeiten liegen, was Ihre Einzigartigkeit ausmacht, worauf Sie stolz
sind und zu Recht auch sein können. Ohne zu übertreiben
können Sie in diesem Brief der Anerkennung und Selbst-
liebe Raum geben. Schicken Sie den Brief zu einem Zeit-
punkt ab, an dem es Ihnen nicht sonderlich gut geht und
Sie an sich selbst zweifeln. Öffnen und lesen Sie den Brief,
als ob Sie von seinem Inhalt nichts wüssten und nehmen
Sie die einzelnen Sätze ganz wach in sich auf. Der Brief
enthält die Wahrheit, werten Sie ihn nicht ab!

Teil des Ganzen

Die Vergangenheit annehmen

Um wirklich nach vorne blicken zu können, kommen wir nicht umhin, uns noch einmal umzudrehen und unsere Vergangenheit zu betrachten. Finden wir zu einer Versöhnung mit dem Gewesenen, dann werden wir frei, unsere weiteren Schritte bewusst zu setzen.

Ich wünsche dir,
dass du beweinen kannst,
was du entbehrt
und verloren hast,
ohne in der Trauer
Wurzel zu schlagen.

Ich wünsche dir,
dass du Zorn fühlen kannst
auf das, was Menschen
dir angetan haben,
ohne im Unversöhnlichen
zu erstarren.

Heilender Friede
wachse dir zu,
dass Vergangenes
dich nicht mehr quäle
und böse Erinnerung
dir nicht mehr
zur Fessel werde.

Zuversicht ziehe ein,
wo die Ohnmacht haust,
dass du aufstehst,
dein Leben zu wagen.

Antje Sabine Naegeli

Es darf GEWESEN SEIN —
ich STIMME ZU —
dEM GANZEN.

RUF DER TROMMEL

Wenn du bereit bist,
dich auf die Reise durch dein Leben zu machen,
dann folge nun den Schlägen der Trommel,
die dich führen werden.

Lass den Fluss deines Atems
zu deinem Lebensfluss werden:
einem plätschernden Bach
oder einem reißenden Strom,
eben zu jenem Bild, das für dich stimmt
und an dessen Ufer du entlang wanderst.
Von Ferne hörst du den Schlag der Trommel
und – wenn du magst – folgst du ihrem Ruf.
Während du die Richtung einschlägst,
aus der du die Klänge vernimmst, beginnst du zu ahnen,

VERGANGENHEIT

dass dieser Weg, den du nun gehst, dein Weg ist.
Einzig und allein der deinige.
Niemand anders als du ist je zuvor hier gewandert.

Du betrachtest die Gegend,
die Pflanzen, die hier wachsen,
beobachtest das Strömen des Wassers,
achtest auf die Beschaffenheit des Weges
und hörst auf die Geräusche,
die dich vielleicht umgeben.
Öffne alle deine Sinne.
Lausche, sehe, schmecke, rieche und fühle,
was um dich ist.

Und wieder hörst du die Trommel
und verstehst sie als Aufforderung,
nach vorne zu blicken und deinem Weg zu folgen.

Nun mag es sein, dass du auf deiner Wanderung
einem kleinen Kind begegnest.
Lass dich von ihm faszinieren,
beobachte es in seinem Spiel,
und stelle fest, dass es dasselbe Kind ist,
welches du einst warst.

Vielleicht geht dir das kleine Wesen
ein paar Schritte voraus,
während du ihm folgst
und nun an Szenen aus deiner Kindheit vorbeikommst.

Mag sein, dass ein Duft aus dieser Zeit
wieder wach wird in deiner Erinnerung,

oder du hörst eine vertraute Stimme
deinen Namen rufen.
Es können dir Menschen begegnen,
die dir in deiner Kindheit bedeutsam waren
und die damals ein Stück deines Weges
mit dir gegangen sind.

Während du diese Bilder betrachtest,
die unterschiedliche Gefühle in dir wecken können,
hörst du erneut das Schlagen der Trommel,
nun nicht mehr ganz so fern.
Bevor du wieder dem Ruf folgst,
möchtest du vielleicht noch Abschied nehmen
von deiner Kinderzeit.
Du kannst dich vor dem Kind verneigen,
und das Bild dieser Tage in Liebe annehmen.
Du musst nichts gutheißen,
was dir Schmerz bereitete
und dir vielleicht bis heute wehtut,
dennoch bist du frei, zu entscheiden,
dich zu versöhnen mit den Szenen aus alten Tagen,
um sie getrost hinter dir lassen zu können.

Dreh dich nun um und wende dich wieder dem Weg zu,
der vor dir liegt.
Du kannst wieder die Trommel hören
und ihr vertrauend entgegengehen,
entlang dem Ufer deines Lebensflusses.
Lenke deine Aufmerksamkeit erneut auf die Natur,
die dich umgibt,
lass dich von ihr verzaubern und beschenken.

Nun kann es sein,
dass dir erneut ein Mensch begegnet.
Während du näher kommst, kannst du erkennen,
dass es jener Teenager ist, der du einmal warst.
Nicht mehr Kind und doch noch nicht erwachsen.
Nun kannst du dich von diesem Teil deines Selbst
führen lassen durch die Zeit deiner Jugend.
Wieder vorbei an Szenen, Orten,
Geräuschen, Düften, ...,
die du mit diesem Lebensabschnitt verbindest.

Und vielleicht begegnen dir auch wieder Menschen,
die dieses Stück deines Weges mit dir geteilt haben.
Nimm dir Zeit, erneut mit ihnen in Kontakt zu treten.

Während du, vielleicht staunend, oder gerührt,
mag sein amüsiert oder auch traurig,
diese Bilder in dir wahrnimmst,
hörst du erneut das Schlagen der Trommel.
Und so kannst du dich noch einmal umdrehen,
um von der Zeit deiner Jugend in Liebe
und Versöhnung Abschied zu nehmen.

Mag sein, dass du dem Ruf der Trommel
und somit deinem Weg weiter folgen willst,
der sich dem Lebensfluss gleich,
mal nach links, mal nach rechts schlängelt,
um dann wieder geradeaus zu verlaufen.

Nun, da du bereits deine Kindheit
und deine Jugend hinter dir gelassen hast,
wirst du dir bewusst, dass du jetzt

auf dem Abschnitt deines Weges wanderst,
der deinem derzeitigen Lebensalter entspricht.
Und so kannst du bereits von weitem
dich selbst auf deinem Weg stehen sehen,
wie einen Zwilling, der keiner ist.
Und während du dich selbst auf deine Art begrüßt,
nimmst du vielleicht auch noch
andere Menschen wahr,
die hier deinen Weg kreuzen.

Du kannst einen Blick auf dein jetziges Leben werfen.
Denn alles, was dich derzeit beschäftigt und bewegt,
alles, was zu deinem Leben gehört,
ist auch hier zu finden.

Du kannst wieder die Trommel hören,
und hast die Möglichkeit, dich auf deine Art
von diesem Ausschnitt zu verabschieden,
mag sein mit einem Dank für das Wahrgenommene.

Anregung für Sprecher/Gruppenleiter
Sie können an den entsprechenden Stellen sanfte Schläge
auf einer Trommel spielen, möglichst jedes Mal densel-
ben Rhythmus.

VERGANGENHEIT

Aufrecht stehen, die Handflächen vor der Brust aneinander legen,	*Liebe Vergangenheit –* *du bist vorbei –*
den Kopf beugen,	*ich nehme dich – wie du* *warst – und ich will nicht* *ringen darum – dass du an-* *ders hättest sein sollen –*
auf die Knie gehen, den Kopf wieder aufrichten,	*ich will dich nehmen –* *zum vollen Preis –* *den es gekostet hat –* *du darfst gewesen sein –* *in allem, das du gabst –*
Verbeugung,	*wo es auch schwer war* *oder schlimm –* *da lass ich dennoch los –*
erneute Verbeugung,	*und wo es schön und reich* *gewesen ist –* *da danke ich von ganzem* *Herzen –*
Hände nach oben öffnen, Arme nach vorne ausstrecken.	*ich stimme dir zu –* *du darfst gewesen sein –* *und ich mache das Beste* *daraus.*

Zeit nutzen – Zeit genießen

Nicht morgen, nicht in einer Woche, nicht in einem Jahr –
jetzt ist unsere Zeit! Bei aller sorgfältigen Planung unserer
Lebensziele dürfen wir nicht vergessen, dass wir nicht nach-
holen können, was wir heute versäumen. Jeden Tag bewusst zu leben, ohne die beklemmende Angst, er könne
der letzte sein – das ist die Kunst im Umgang mit unserer
Lebenszeit.

Da die Zeit
das kostbarste,
weil unwiederbringlichste Gut ist,
über das wir verfügen,
beunruhigt uns bei jedem Rückblick
der Gedanke etwa verlorener Zeit.
Verloren wäre die Zeit,
in der wir nicht als Menschen gelebt,
Erfahrungen gemacht,
gelernt, geschaffen,
genossen und gelitten hätten.
Verlorene Zeit ist unausgefüllte,
leere Zeit.

Dietrich Bonhoeffer

Die Zeit, die ich habe, ist jetzt. –
Der Ort, an dem ich bin, ist hier. –
Hier und jetzt – will ich leben.

Zeit

ALL-TAG UND FREI-TAG

Versetze dich in einen deiner
ganz normalen Alltage.
Versuche, ihn noch einmal zu erleben,
mit dem Unterschied, alles,
was du tust, ganz bewusst zu tun.
Du weißt, dass nichts wiederkehrt,
auch nicht der banalste
und kleinste Ausschnitt deines Lebens.
Deshalb ist es gut,
achtsam mit deiner Zeit umzugehen.
Schenke Aufmerksamkeit:
jedem Wort, das du sagst,
jedem Handgriff, den du tust,
jeder Begegnung, die du mit anderen hast.
Wähle nun einen beliebigen deiner Alltage aus,
und lass ihn vor deinem geistigen Auge ablaufen.

Wie stehst du auf?
Achte auf deine Haltung,
die du dem noch vor dir liegenden Tag entgegen-
bringst.

Wie verbringst du deinen Morgen?
Welchen Tätigkeiten gehst du nach?
Mit welchen Menschen bist du zusammen?
Versuche, alles in Liebe zu tun
und den anderen mit Achtung und Würde zu begegnen.

Wie gestaltest du deine Mittagspause?
Schenke auch dem Essen deine volle Aufmerksamkeit

und bedanke dich zumindest im Geiste
bei der Köchin/dem Koch.
Hast du das Essen selbst zubereitet,
so erkenne deine Mühen an.

Nun sieh dich den Nachmittag verbringen.
Was sind deine Aufgaben?
Kannst du sie in einer annehmenden Haltung erledigen
oder haderst du mit ihnen?
Lass dich darauf ein,
alles in Ruhe und mit Sorgfalt zu tun.
Dann kannst du hinterher auch zufrieden
und stolz auf dein Werk blicken.
Gehe sorgsam mit deinen Kräften um.
Wenn du merkst, dass du eine Pause brauchst,
so nimm sie dir mit gutem Gewissen.
Hast du mit Schwierigkeiten zu kämpfen?
Sieh sie als Herausforderung und stelle dich ihnen,
auf dein Können und deine innere Stimme vertrauend.

Der Abend kommt.
Schließe deine Arbeit so ab,
dass du sie an einem guten Punkt wissend
für heute liegen lassen kannst.
Versuche, sie nicht mit in deinen Feierabend zu neh-
men.
Wie verbringst du den Abend?
Gehst du nach Hause? Gehst du aus?
Triffst du Freunde? Machst du es dir
mit deinem Partner oder deiner Partnerin gemütlich?
Genießt du einen ruhigen Abend allein?
Gehst du einem Hobby nach?

Zeit

Wähle, was du brauchst und genieße jede Minute.

Bevor du dich dem Schlaf überlässt,
kannst du dir noch einmal deinen Tag anschauen
und ihn in Dankbarkeit verabschieden.

Wenn du magst, lass deine Fantasie weiter schweifen,
und dich einen anderen Tag erleben,
den du dir völlig selbst gestalten kannst.
Stell dir vor, du hast frei.
Da sind keinerlei Verpflichtungen,
denen du nachgehen musst,
keine finanziellen Einschränkungen
und auch keinerlei Erwartungen anderer an dich.
Du kannst völlig frei und unabhängig entscheiden,
was du mit deiner kostbaren Zeit heute machen möchtest.

Besinne dich darauf,
welche Wünsche oder Träume du vielleicht schon einmal
für einen solchen Tag hattest.
Passen sie jetzt gerade auch noch?
Oder ist dir nach etwas ganz anderem zumute?
Spüre, wonach du dich sehnst:
Entspannung und Ruhe,
oder Abenteuer und Unternehmungslust?
Allein, mit einer anderen Person
oder mit einer größeren Gruppe?
Zuhause oder weit weg?
Lass deine Fantasie kreisen
und versuche, dir möglichst konkret vorzustellen,
was du tun möchtest.

Und dann – tu es!
Erlebe in deiner Fantasie jede kostbare Stunde
dieses außergewöhnlichen Tages
und genieße deine freie Zeit!
Vielleicht kannst du ja manche Idee,
manches dir vorgestellte »Erlebnis«
und/oder manch gewonnene Erkenntnis
auch in deine Realität hinüberretten?!

Aufrecht stehen, umdrehen und mit einer Hand auf die symbolische Vergangenheit zeigen.	*Diese Zeit ist vorbei. Versöhnt und in Frieden blicke ich zurück.*
Wieder umdrehen, die Hand in die entgegengesetzte Richtung auf die symbolische Zukunft strecken.	*Diese Zeit ist noch nicht. Mein Ziel im Auge blicke ich ihr entgegen.*
Die Arme seitlich ausbreiten und langsam im Kreis drehen. Symbolische Gegenwart zeigen.	*Diese Zeit ist jetzt. Und nur jetzt kann ich sie nutzen und genießen.*
Mit beiden Händen den Mund berühren, dann die Stirn, die Hände anschauen, auf der Brustmitte übereinander legen.	*Alles, was ich sage, alles, was ich denke, alles, was ich tue, liegt allein bei mir.*
Handflächen vor Gesicht aneinander legen, in dieser Haltung umdrehen, verbeugen: erst in Richtung Vergangenheit, wieder umdrehen, dann in Richtung Zukunft.	*Ich will diese, meine Zeit so leben, dass sie das Gestern dankbar schätzt und das Morgen nicht gefährdet.*

Zeit

Die Zukunft einladen

Gibt es ein Rezept für eine sicher gelingende Zukunft? Nein! Aber doch einige Zutaten, die uns helfen, dem Kommenden voller Zuversicht entgegenzusehen: Vertrauen in Gott und in uns selbst; Träume und Ziele, deren Erfüllung wir uns wünschen und für die wir uns einsetzen; Übernahme von Verantwortung für unser Leben und diese Welt; die Hoffnung, dass letztlich sich alles zum Guten kehrt.

Eine Tür öffnen

Und dann kam der Tag, an dem wir zum ersten Mal ohne Begleitung das Zuchthaus verließen, drei politische Kameraden vom Gefangenenkomitee: Bäckerfranz, Paul und ich. Wir gingen einfach bummeln. Mit federnden, leichten Schritten in weichen Lederschuhen, die unsere eigenen waren. Die Anzüge schmiegten sich uns an und waren leicht und trocken, nicht schwer und immer feucht wie die Zuchthäuslerkluft. Bei jedem Schritt fühlte ich das herrliche Leinenhemd, direkt auf der Haut. Wir waren rasiert, gebadet, trocken und ausgeschlafen. Und das Sonderbarste war, wir wussten nicht richtig zu gehen. Wir wussten nicht, wohin wir gehen sollten. Die kleinen Entschlüsse des täglichen Lebens mussten erst wieder geweckt werden nach jahrelangem Schlaf. Es ging keiner hinter uns her, dessen Weg wir marschieren mussten. Und dann die Zeit, dieser betäubende Reichtum an Zeit, an goldenen Minuten auf unserem Gang.
Wir konnten stehen bleiben.
Wir konnten an ein Schaufenster treten.

Ich tat es, und irgendetwas in mir wartete mit angelegten
Ohren, insgeheim lauernd auf einen Anschnauzer.
Es kam keiner!
Wir traten in einen Laden, um nach Schreibpapier zu fra-
gen. Es gab sich so, dass ich als Erster wieder herausging.
Im Laden blieb ich vor der Tür stehen und wartete ge-
wohnheitsmäßig darauf, dass ein Aufseher die Tür auf-
schloss. Dann erst wurde mir klar, dass ein Mensch seine
Türen selber öffnet.
Dieser himmlische Genuss, eine Tür öffnen zu dürfen.

Günther Weisenborn

Was kommen wird, soll sein.
Mich getragen wissend, lade ich es ein.

MEINE ZUKUNFT

Stell dir vor, es ist ein herrlicher Sonnentag.
Du gehst über eine saftige Blumenwiese,
auf der auch Obstbäume stehen.
Spüre das weiche Gras unter deinen Füßen
und lausche dem Zwitschern der Vögel,
die in den Zweigen der Bäume sitzen.

Die Wiese scheint weiter vorne aufzuhören:
Du kannst eine schöne Steinmauer sehen
und gehst neugierig darauf zu.
Hoch ist die Mauer, du kannst nicht darübersehen.

Dennoch interessiert dich, was sie verbergen mag.
So läufst du an ihr entlang,
hoffend, dass sie an einer Stelle unterbrochen sei,
um dir den Blick auf das zu gewähren, was dahinter ist.
Während du dem Verlauf der Mauer folgst,
kannst du sie näher betrachten:
Ist sie alt und von Pflanzen bewachsen?
Oder erst neu erbaut worden?
Wie sieht sie aus?
Strecke die Hand nach ihr aus und fühle:
Ist sie kalt?
Oder haben ihre Steine die Wärme der Sonne aufgesogen?

Noch immer dem Verlauf der Mauer folgend,
kommst du nun an ein großes, hölzernes Tor.
Gehe einige Schritte zurück,
um es genauer betrachten zu können.
In den oberen Teil des Tores
ist mit goldenen Buchstaben etwas eingeritzt:
Bei näherem Hinsehen kannst du entziffern:
MEINE ZUKUNFT.

Hinter der Mauer also liegt das Land deiner Zukunft.
Erstaunt darüber, vielleicht auch etwas ängstlich,
entschließt du dich
nach einer kurzen Zeit des Zögerns,
das Tor zu öffnen.
Neugierig geworden auf das,
was deine Fantasie dir zeigen kann,
gehst du mutig und entschlossen auf das Portal zu,

um die große Klinke daran herunterzudrücken.
Doch das Tor lässt sich nicht öffnen.

Enttäuscht,
vielleicht aber auch ein wenig erleichtert,
trittst du erneut einen Schritt zurück
und siehst nun das Schloss,
welches unterhalb der Klinke angebracht ist.

Da fällt dir der kleine goldene Schlüssel ein,
den du immer an einer Kette um deinen Hals trägst
und weißt, dass er passen wird.
Du steckst ihn in das Schloss,
drehst ihn mühelos herum
und öffnest das Tor.

...

Aufrecht stehen, die Handflächen vor der Brust aneinander legen,	*Liebe Zukunft – du wirst sein – meiner Träume gewahr schaue ich dir hoffnungsvoll entgegen –*
die Hände langsam ausstrecken,	*ich will mich für dich öffnen – und vertrauen darauf, dass du mir bringst, was für mich gut und wichtig ist –*
die Hände übereinander auf die Brustmitte legen,	*das Schöne will ich dankend annehmen – und voller Freude genießen –*

ZUKUNFT

verbeugen,	*das Schwere will ich nützen, meine Augen und mein Herz zu öffnen –*
aufrichten, einen Schritt nach vorne gehen, die Hände nach oben geöffnet langsam ausstrecken.	*was du auch bringen magst – ich will es annehmen – ich werde daran wachsen können – ich will das Beste daraus machen.*

Zusätzliche Anregung für eine Gruppe

Jeder schreibt ein Wort oder einen Satz auf ein Blatt Papier, das/der für ihn als Leitsatz, Traum oder Ziel für die Zukunft steht. Der Zettel wird auf den Rücken geklebt. Nun gehen alle im Raum umher, und lesen zunächst, was die anderen auf ihrem Rücken stehen haben. Jetzt schreibt jeder jedem etwas dazu, was er diesem wünscht, um an das entsprechende Ziel zu gelangen.

Mit Trauer und Schmerz leben

Es gibt kein Leben nur im Licht. Jeder Mensch lernt auch das Dunkel kennen. Schmerz und Trauer sind die Schattenseiten unseres Lebens – und wenn wir vermögen, genau hinzuschauen, können wir das Geheimnis erfahren, das jeder Schmerz mit sich bringt: die Botschaft, dem Herzen eine andere Blickrichtung zu geben, um die Sonne zu sehen.

Vor mir liegt eine Perle. In ihr bricht sich das Licht, sie ist glatt und schimmert. Die Perle ist schön und vermittelt den Eindruck völliger Harmonie. Suche ich nach dem Ursprung dieser Harmonie, so stoße ich auf etwas Unerwartetes. Am Anfang steht eine Verletzung. Eine Verletzung im Inneren der Muschel, die diese Perle hervorgebracht hat. Irgendein Sandkorn hat sich in die Muschel verirrt und das empfindliche Muschelfleisch gereizt. Die Muschel reagiert auf diese Reizung nicht mit Abwehr dessen, was sie verletzt, sondern sie nimmt es in sich auf, verinnerlicht es. Sie umkleidet das Sandkorn mit Perlmutter. Was scharf und kantig war, wird geglättet. Was Sandkorn war, wird zur Perle. Was ein Fremdkörper war, wird zum inneren Schatz. Nicht von heute auf morgen. Sondern in einem Prozess, der Jahre dauern kann. Solch ein Sandkorn schleppt wohl jeder von uns mit sich herum. Etwas in uns reibt, scheuert, verletzt. Und allzu gerne würden wir es abschütteln. Aber es sitzt zu tief in uns, wir werden es nicht los. Im Gegenteil, unser Inneres reibt sich nur wund. Erst wenn wir den Widerstand aufgeben und uns dem Störenden zuwenden, kann der Schmerz abheilen. Nicht von heute auf morgen. Der Weg vom Sandkorn zur Perle ist weit, und er ist mühsam. Aber er lohnt sich.

Eva Müller

DER WASSERFALL

Stell dir vor, du treibst in einem kleinen Boot
einen gemächlichen Fluss hinab.
Es ist ein schöner Tag, die Sonne scheint,
dennoch ist es nicht heiß. Eher angenehm warm.
Während du dich vom Wasser tragen lässt,
nimmst du die Gegend um dich herum wahr.
Du betrachtest die Bäume und Pflanzen am Ufer
und siehst die Landschaft, die der Fluss teilt.
Alles ist dir recht vertraut,
denn es ist das Land, das du kennst.
Zwar hast du schon von anderen Ländern
jenseits der Grenzen gehört,
aber dir bisher noch keines aus der Nähe angesehen.
Und so soll es eigentlich auch bleiben,
denn du scheust das Ungewohnte
und Unbekannte ein bisschen.

Doch darüber machst du dir jetzt gar keine Gedanken.
Im Moment genießt du das sanfte Schaukeln
und hörst dem fröhlichen Glucksen des Wassers zu.

Spürst du das sanfte Getragensein?
Vielleicht kommt dir der Gedanke,
dass dieser Fluss wie dein Leben verläuft:
Mal sich leicht nach links, mal nach rechts neigend,
dann wieder geradeaus schlängelnd,
aber stets vorwärts fließend,
sucht sich das Wasser seinen Weg
durch grüne Wälder und Wiesen,
über glatte Kieselsteine
oder auch durch felsiges Gestein.
Doch nichts vermag es wirklich aufzuhalten,
das Wasser fließt stets seinem Ziel,
der Vereinigung mit dem Meer, entgegen.
Kann dich auch nichts aufhalten?
Hast du dein Lebens-Ziel auch so klar vor Augen?

Plötzlich wird dein Boot deutlich schneller.
Das Rauschen des Flusses wird zunehmend lauter.
Bevor du dir richtig klar machen kannst,
dass du gerade auf einen Wasserfall zufährst
und keine Chance zu entkommen hast,
ist es bereits so weit:
Du schießt mit deinem Boot über die Kante hinaus
und stürzt in die Tiefe.
Voller Angst und Entsetzen
klammerst du dich am Boot fest
und blickst in den Abgrund,
auf den du gerade zurast.
Ein harter, schmerzhafter Aufprall.
Wasser spritzt von allen Seiten ins Boot,
das heftig hin und her gerissen wird.
Dann ist alles vorbei.

Dein Boot hat dich getragen
und schaukelt nun wieder auf den Wellen,
als sei nichts weiter geschehen.
Der Fluss schäumt noch etwas,
hat sich aber wieder weitgehend beruhigt
und setzt schlängelnd seinen Weg fort.
Dein Boot und du haben wundersamerweise
nicht mehr als ein paar Schrammen abbekommen,
ansonsten zeugt nur der Blick zurück
von dem tosenden Wasserfall.

Die Erleichterung darüber,
den Sturz in die Tiefe überlebt zu haben,
wird zurückgedrängt von fassungslosem Entsetzen.
Der Wasserfall war eine Grenze,
die du unfreiwillig überschritten hast,
und nun befindest du dich in einem Land,
das du nicht kennst.
Von Minute zu Minute wird dir bewusster,
dass es keinen Weg zurück gibt.
Nichts wird mehr so sein wie vorher.
Die Angst und der Schreck darüber
weichen bald der Trauer und dem Schmerz.

Auch wenn dein Leben weitergeht,
der Fluss weiterfließt,
so scheint der Sturz ein großer Einschnitt
in dein bisheriges Sein zu sein.

Nimm dir Zeit, zu trauern.
Weine dem nach, was du verloren hast.

Gib dich deinem Schmerz ganz hin

und schreie ihn laut in die Welt hinaus.
Nimm Abschied von dem, was nicht mehr sein kann,
wie du es wolltest.

Und dann – lass los: deine Selbstaufgabe.
Lass zu,
dass Kräfte dich wieder aufrichten helfen können.
Werde dir gewahr, dass du lebst!
Dass dein Weg hier noch nicht zu Ende ist!
Gib dich nicht auf!

Betrachte deinen Schmerz und deine Trauer,
deine Verzweiflung,
und danke ihnen, dass sie dich lehren können,
achtsam und bewusst mit dir zu sein.
Sie wollen dir zeigen,
was wirklich wichtig ist in deinem Leben
und wo es gut ist, für Veränderung zu sorgen.

Lege diese Gefühle und die damit verbundenen
Erinnerungen an den Sturz in die Tiefe
behutsam in ein Schächtelchen,
das du fortan bei dir tragen wirst.
Du kannst es jederzeit öffnen
und deinem Schmerz begegnen,
wenn du das möchtest,
aber du musst dich nicht mehr
von ihm lähmen lassen.

Du bist nun wieder frei,
deinen Blick nach vorne zu richten
und dem Lauf des Flusses zu folgen.

Werde dir des behutsamen Getragenseins
in deinem Boot aufs Neue bewusst.
Und spüre die enorme Kraft,
die aus dem Fallen wachsen kann,
wenn du es nur zulässt.

Auf dem Rücken liegen, Augen geschlossen, dunkle Farben sehen.	*Dunkel ist meine Trauer – dunkel mein Schmerz und meine Verzweiflung.*
Dunkle Farben nach und nach in helle Farben umwandeln. Visualisieren, wie der Körper immer heller wird: bei den Füßen beginnen, bis zu den Oberschenkeln hoch,	*Ich nehme den Schmerz an – darauf vertrauend, dass mir das Schicksal nicht mehr zumutet, als ich wirklich verkraften kann.*
Unterleib und Bauch,	*Ich entscheide mich, aus der Verzweiflung aufzutauchen – und die Aufgabe anzunehmen, die sich mir stellt.*
Oberkörper und Kopf.	*So hat mein Schmerz einen Sinn und zeigt mir den Weg ins Licht.*

Mit Wut umgehen

Wut tut gut – wenn wir mit ihr balancieren können: Zwischen Verdrängung und Rage liegt das Gleichgewicht. Unsere Wut ist immer ein Zeichen dafür, dass Veränderung nötig und eine Grenze erreicht ist. Sie nicht wahrzunehmen oder völlig auszurasten sind keine lösungsorientierten Muster. Aber gezähmte Wut macht uns möglich, ein deutliches Nein zu setzen.

Ramakrishna erzählte die Geschichte einer ziemlich giftigen und wilden Schlange. Eines Tages begegnete diese Schlange einem Weisen und, betroffen von seiner Liebenswürdigkeit, verlor sie ihre ganze Wildheit. Der Weise riet ihr alsdann, aufzuhören, den Menschen Böses anzutun, und die Schlange beschloss, von da an ein Leben in Sanftheit und Unschuld zu führen. Doch kaum hatten die Bewohner des nahe liegenden Dorfes erfahren, dass die Schlange nicht mehr gefährlich war, begannen sie auch schon, mit Steinen nach ihr zu werfen, sie am Schwanz zu ziehen und sie auf tausend Arten zu quälen. Nun befand sich die Schlange wirklich in großer Not. Glücklicherweise zog der Weise wiederum durch jene Gegend und, nachdem er ihren Zustand gesehen und ihren Klagen zugehört hatte, sagte er ihr einfach: »Mein Freund, ich hatte dir geraten, den Menschen nichts Böses mehr anzutun; ich habe dir nicht gesagt, du solltest nicht zischen und sie nicht einschüchtern.«

Ramakrishna beendet seine Geschichte so:
Es entsteht kein Schaden durch das »Zischen« gegen böse Menschen und eure Feinde, wenn ihr ihnen damit zeigt, dass ihr euch zu schützen und vor dem Bösen zu behaup-

ten wisst. Ihr solltet nur aufpassen, dass ihr kein Gift ins
Blut eures Feindes einspritzt. Haltet nicht dem Bösen
stand, indem ihr euererseits Böses anrichtet.

Piero Ferrucci

> Ich ignoriere meine Wut nicht –
> noch lasse ich mich von ihr beherrschen.
> Ich nehme sie wahr
> und handle verantwortungsvoll.
> Ich verletze weder mich noch andere.

DIE WUT IST EIN LÖWE

Stell dir vor, du bist im Urwald.
Dichtes Buschwerk umgibt dich,
hohe Bäume, mit Lianen verbunden,
ragen vor dir auf.
Du hörst die Geräusche des Dschungels.

Du musst dir mit einem Messer den Weg frei schlagen.
Das fällt dir nicht weiter schwer,
denn du bist stark wie Herkules
und mit dem Dschungel vertraut wie Tarzan.
Du hast eine wichtige Aufgabe zu bewältigen:
Du musst dich deiner Wut stellen
und sie dir untertan machen!
Deine Wut hat die Gestalt eines Löwen angenommen.

Du musst den Löwen aufspüren

und ihn von Angesicht zu Angesicht bezwingen.
Wenn du den Löwen erledigt hast,
sollst du ihm das Fell abziehen
und es als Beweis für deinen Sieg über die Wut mit-
bringen.
Nun mach dich auf den Weg,
diese Aufgabe zu erledigen ...

Diese Fantasiereise kann sehr viel aussagen über den
Umgang und das Verhältnis zur eigenen Wut.
Wie sah der Löwe aus? Bedrohlich groß und zähneflet-
schend, oder war er eher von kleiner Statur und »hand-
zahm«? Wie hat er sich gezeigt, wie haben Sie ihn gefunden? Wie hat er sich verhalten? Hat er sich gleich
auf Sie gestürzt, hat er sich vor Ihnen versteckt, oder
hat er gar geschlafen? Wie verlief der Kampf? Wer war
der Stärkere? Konnten Sie den Löwen bezwingen?
Wie? Oder haben Sie aufgegeben? Mussten Sie vor
dem Löwen fliehen? Oder hat er sich klein gemacht
und »ergeben«?
Versuchen Sie, die Bilder der Fantasiereise auf Ihr Leben zu übertragen. Setzen Sie den Löwen Ihrer Wut
gleich. Und Ihr Verhalten dem Tier gegenüber Ihrem
Umgang mit der Wut.
Diese Fantasiereise ist besonders dazu geeignet, sie
mehrfach zu wiederholen. Machen Sie sie so oft, bis Sie
Ihre Wut in Gestalt des Löwen bezwungen haben.

Aufrecht stehen, die Arme über der Brust gekreuzt, Hände zu Fäusten geballt, Anspannung spüren,	*3x: Ich habe Wut/Hass – und ich bleibe dabei.*
auf die Knie gehen, Hände öffnen und Arme nach vorne strecken,	*3x: Ich lasse los – meine Wut/meinen Hass – und will nicht länger zürnen.*
Handflächen vor Brustmitte aneinander legen und verbeugen.	*3x: Ich will Frieden machen in meinem Herzen.*

Angst bewältigen

Angst kann uns lähmen, jede Lebensfreude im Keim ersticken. Angst kann uns aber auch vor Gefahr retten und auf dringend notwendige Veränderungen aufmerksam machen. Sie gehört zu unserem Leben dazu. Jedoch bestimmen wir selbst das Ausmaß und den Umgang mit unserer Angst.

So wird dem Zuversichtlichen
das Wissen geschenkt,
dass ein Engel uns wie ein Schirm umgibt,
ja dass er uns auf Händen trägt,
so dass wir sicher
über Löwen und Nattern schreiten können.
Er glaubt,
dass ein Engel für ihn zusieht,
dass ihm nichts Böses schaden kann.
Er geht nicht blind durch die Welt.
Er sieht durchaus,
was da an Gefahren lauert.
Aber er weiß sich begleitet
von seinem Engel,
er weiß sich umschirmt und getragen.
Er weiß,
dass er nicht eine bloße Nummer ist,
der Willkür des Schicksals ausgesetzt,
sondern dass ein Engel mit ihm geht
und für ihn sorgt,
dass ein Engel ihn befreit
aus all seinen Ängsten.

Anselm Grün

Ich muss mit meiner Angst vertraut sein,
ehe ich mich von ihr lösen kann. –
Nur ich entscheide,
wie viel Raum die Angst in mir einnimmt. –
Ich will mich auf meine innere Stärke verlassen
und darauf vertrauen,
dass mein Leben in guten Händen ist.

BAUM SEIN

Lass deine Fantasie spielen
und sieh dich inmitten eines Waldes stehen.
Atme die reine, klare Waldluft ein,
höre auf die Geräusche, die dich umgeben
und rieche den Duft von Moos und Harz.

Wenn du magst,
richte nun deine Aufmerksamkeit auf einen Baum,
der dir besonders gefällt.
Gehe zu ihm und berühre ihn.

Schließe deine Augen und stelle dir vor,
dass du mit ihm eins werden kannst,
dich mit ihm verschmelzt.
Du wirst Baum.

Spüre, wie deine Füße sich langsam aber stetig
immer tiefer in das Erdreich bohren.

Wie Wurzeln teilen sie sich

und nehmen Raum nach unten und seitlich ein,
um dir Halt und Sicherheit zu geben.

Spüre, wie dein Körper fest, stark
und widerstandsfähig wird.
Deine Haut wird zu Rinde,
die dich schützen kann.
Spüre, wie du dich nach oben dehnst
und wie sich dein Stamm verdickt.

Kleine Äste brechen nun aus dir hervor
und verzweigen sich wieder und wieder.
Eine stattliche Krone entsteht.
Nun beginnen dir Blätter zu wachsen
und bald bist du über und über grün.
Ein herrlicher Baum bist du geworden!

Verschmelze mit deiner neuen Identität
und nimm ganz bewusst wahr:
Wie deine Wurzeln dich nähren,
wie der Wind in deinen Blättern spielt,
wie sich Vögel auf deinen Zweigen niederlassen,
wie die Sonne dir ihre Wärme und ihr Licht schenkt,
wie der Regen dich erfrischt,
wie der Sturm dich hin und her wiegt,
wie der Schnee dich schmückt ...

Kannst du die Stärke spüren, die von dir ausgeht?
Die du in dir trägst?
Atme sie tief in dich ein.
Und nimm sie mit,
wenn du wieder zurückkehrst ins Hier und Jetzt.

Aufrecht stehen, Arme seitlich an den Körper pressen,	*Ich nehme die Angst als einen Teil von mir –*
entspannen,	*jedoch – ich lasse mich nicht von ihr beherrschen.*
Hände über Brust kreuzen,	*Ich schließe mich so viel, wie ich es brauche –*
die Arme seitlich auseinander führen.	*und öffne mich so viel, wie ich zulassen kann.*

Zweifel los- und Vertrauen zulassen

Bin ich gut genug? Mache ich es recht? Ist dieser Weg der Richtige für mich? So wichtig es ist, immer wieder das eigene Denken und Handeln zu reflektieren, so unerlässlich ist es aber auch, die ständigen Zweifel über Bord zu werfen und sich dem Vertrauen zu überlassen, das gut ist, was ist. So bleiben der Kopf und das Herz offen für das, was uns begegnen will.

»Ach, Wanderer«, seufzte der Wunschkäfer, »glaube mir: Wenn es die Liebe gibt, dann hat sie das beste Gedächtnis der Welt. Denkst du nicht, dass es die Liebe gibt? Und dass sie der letzte Grund von allem ist, was es gibt?«
»Ich möchte es glauben, Wunschkäfer, ich möchte es wirklich gerne glauben.«
»Dann tu es doch!«
»Es ist so schwer!«
»Nein, es ist nicht schwer! Es ist sogar das Leichteste von der Welt. Nichts ist einfacher, als die Zentnerlast der Angst von den Schultern zu werfen und zu vertrauen, wie man als Kind vertraut hat. Es ist viel schwerer all die Zweifel und trüben Gedanken durch das Leben zu schleppen, sich zu bemitleiden und zu verachten, als die Welt an jedem neuen Tag mit den Augen zu betrachten, mit denen man sie als kleines Kind gesehen hat.«

Bernhard Langenstein

EINE FLASCHENPOST

Es ist ein klarer Wintertag.
Stell dir vor, du brichst zu einem Spaziergang auf.
Dick eingepackt, damit die klirrende Kälte
dir nichts anhaben kann,
stapfst du durch den Schnee,
weitab von Straßen, Autos, Häusern und Menschen.

Du wanderst inmitten einer schönen Berglandschaft.
Während du es genießt,
mit dir allein unterwegs zu sein,
betrachtest du die weiße Welt um dich herum.

Du kannst sehen,
wie der Winter den Schnee wie Puderzucker
gleichmäßig über die Landschaft gestreut hat.
Die Wälder, Berge, Felder,
alles ist lückenlos weiß.

Kein Geräusch ist zu hören,
außer dem Knarzen des Schnees unter deinen Schuhen.
Ohne Anstrengung und in dem Tempo,

welches dir angenehm ist,
setzt du deine Schritte.

Die Sonne scheint
und lässt in ihrem Licht
die schneebedeckte Landschaft glitzern,
wie in einem Zaubermärchen.

Fasziniert von diesem Anblick
füllt sich dein Herz vielleicht mit Dank
angesichts so viel Schönheit, die dich umgibt.

Und es mag sein,
dass du dich anstecken lässt von der Natur:
dass du den Reichtum und die Einzigartigkeit
deines Wesens miteinbeziehst
in den Reigen der Schönheit,
die um dich ist und dich miteinschließt.

Du kannst nun das Geräusch
plätschernden Wassers vernehmen,
erst sanft und leise,
je weiter du gehst,
desto deutlicher und kräftiger werdend.

Neugierig geworden folgst du dem Laut.
Nach der nächsten Wegbiegung,
die um einen ausladenden Felsen führt,
kannst du den Bach sehen.
Er fließt vom Gipfel des Berges herab,
und hat so viel Kraft,
dass die Kälte ihn nicht hat erstarren lassen.

Selbst der Teich, in den er mündet,
ist nicht zugefroren.

Du schaust dem Verlauf des Baches nach,
verfolgst ihn mit deinen Blicken bis zum Gipfel,
bis zu der Quelle dieses springenden Wassers.

Gehe ein paar Schritte nach vorn,
bis an den Rand des Teiches.
Hier sammelt sich das Wasser des Berges,
ruht sich aus,
bevor es sich erneut einen Weg bahnt,
seiner Zukunft entgegen.

Wieder erhebst du deine Augen zum Gipfel.
Plötzlich kannst du undeutlich sehen,
wie ein Gegenstand aus der Quelle entspringt
und sich vom Fluss des Wassers mitreißen lässt.

Den Berg hinab lässt er sich tragen,
hüpfend vollzieht er jede Windung des Baches,
schwimmt mal obenauf,
um dann wieder für kurze Zeit unterzutauchen.

Gespannt beobachtest du diese lustige Bootsfahrt.
Jetzt, da dies seltsame Ding immer näher kommt,
kannst du erkennen, was es ist:
eine kleine Flasche,
die dir entgegentanzt.

Und während du ihr Auf und Ab beobachtest,
ihr ständiges Anstoßen am Uferrand

und doch stetes Mitgenommensein,
weißt du auf einmal ganz sicher,
dass diese Flasche eine Botschaft enthält.

Eine Mitteilung,
die einzig und allein dir zugedacht ist.
Es wird eine Botschaft sein,
die aus der Quelle der Weisheit
und der Liebe entsprungen ist.

Als die Flasche platschend im Teich gelandet ist,
schwimmt sie dir direkt vor die Füße.

Du bückst dich,
hebst sie aus dem Wasser,
öffnest sie,
entnimmst das zusammengerollte Papier
und liest die Botschaft, die darauf geschrieben steht.
...

Aufrecht stehen, Hände überkreuzt auf Schultern, Körper angespannt,	*Eng und ängstlich –* *macht mich mein Zweifel –*
Muskeln entspannen,	*drum lass ich ihn los –*
Arme seitlich langsam ausbreiten und nach oben erheben, tiefe Atemzüge dazwischen nehmen.	*öffnen will ich mich –* *dem Vertrauen, dass alles seinen Sinn und Platz hat –* *dem Wissen, von oben getragen zu sein –* *der Liebe,* *die alles verwandeln kann.*

Den Stress entmachten

Manchmal scheint uns alles über den Kopf zu wachsen. Doch Stress machen wir uns meist selbst, indem wir uns mehr aufladen, als wir leisten können und uns nicht an gegebener Stelle abgrenzen. In solchen Situationen hilft eine gezogene Notbremse: der Hektik und dem Druck erst einmal eine bewusste Zeit der Ruhe entgegensetzen, um mit objektivem Blick die Lage zu prüfen und weitere Schritte zu planen.

Beppo Straßenkehrer:

»Siehst du, Momo«, sagte er dann zum Beispiel, »es ist so: Manchmal hat man eine sehr lange Straße vor sich. Man denkt, die ist so schrecklich lang; das kann man niemals schaffen, denkt man.«

Er blickte eine Weile schweigend vor sich hin, dann fuhr er fort: »Und dann fängt man an, sich zu eilen. Und man eilt sich immer mehr. Jedes Mal, wenn man aufblickt, sieht man, daß es gar nicht weniger wird, was noch vor einem liegt. Und man strengt sich noch mehr an, man kriegt es mit der Angst, und zum Schluß ist man ganz außer Puste und kann nicht mehr. Und die Straße liegt immer noch vor einem. So darf man es nicht machen.«

Er dachte einige Zeit nach. Dann sprach er weiter: »Man darf nie an die ganze Straße auf einmal denken, verstehst du? Man muß nur an den nächsten Schritt denken, an den nächsten Atemzug, an den nächsten Besenstrich.

Und immer wieder nur an den Nächsten.«

Wieder hielt er inne und überlegte, ehe er hinzufügte: »Dann macht es Freude; das ist wichtig, dann macht man seine Sache gut. Und so soll es sein.«

Und abermals nach einer langen Pause fuhr er fort:
»Auf einmal merkt man, daß man Schritt für Schritt die
ganze Straße gemacht hat. Man hat gar nicht gemerkt
wie, und man ist nicht außer Puste.« Er nickte vor sich
hin und sagte abschließend: »Das ist wichtig.«

Michael Ende

Das Heute wird mich fordern — ich werde ihm
auf meine Kräfte vertrauend begegnen.
Nichts kann mich stressen —
wenn ich es nicht zulasse.

SONNENSTRAHL UND WOLKENTANZ

Du fühlst dich angespannt, gereizt und überlastet.
Nichts will dir so recht von der Hand gehen:
Deine Arbeit droht dir über den Kopf zu wachsen
und die Menschen um dich herum
scheinen dir aus dem Weg zu gehen,
vielleicht, weil du derzeit keine gute Ausstrahlung
und wenig Liebe dir selbst und ihnen gegenüber hast.

Obwohl du der Meinung bist,
es dir zeitlich nicht erlauben zu können
und dich so unsagbar müde fühlst,
raffst du dich auf, um alles stehen
und liegen zu lassen
und einen Spaziergang zu machen.

Es zieht dich nach draußen,
du willst mit dir allein sein.

Es ist ein freundlicher Herbsttag,
aber du bist zu sehr mit dir selbst beschäftigt,
um es zu bemerken.
Zielstrebig läufst du auf den Nadelwald zu,
der ganz in deiner Nähe ist,
denn du hast das Bedürfnis,
in sein Dunkel und seine Kühle einzutauchen.
Hier, zwischen den dichten Bäumen,
fern von deinem Alltagsleben,
spürst du verstärkt deine Einsamkeit und deine Unruhe.

Doch da ist noch etwas anderes,
was du nun deutlich fühlen kannst:
deine Sehnsucht nach Geborgenheit
und innerem Frieden.
Du spürst die Kühle des Waldes
und sehnst dich sehr nach Wärme.
Du nimmst das Dunkel um dich herum wahr
und suchst doch das Licht.

Nun kannst du erkennen,
dass es dort weiter vorne heller zu werden scheint.
Von deiner Sehnsucht geleitet,
gehst du direkt darauf zu
und kommst schon bald auf eine Lichtung.
Hier scheinen die Bäume im Kreis gewachsen zu sein,
um dem Sonnenlicht das ununterbrochene Strahlen
bis auf die Erde zu ermöglichen.
Das leuchtende grüne Gras, aus dem hier und da

bunte Blümchen ihre Köpfe herausstrecken,
lädt dich zum Verweilen ein.
Hier darfst du endlich ausruhen.
Hier bist du willkommen.
Hier ist Wärme und Licht.

Setze oder lege dich,
das weiche Gras soll dein Ruhelager sein.
Mache es dir so gemütlich als möglich.
Atme tief ein und aus.
Spüre die klare Luft,
die deinen umnebelten Geist frei machen kann.
Spüre die Wärme,
die deinen Körper durchflutet.
Spüre das Licht,
das in dein Herz dringt.

Du kannst den strahlend blauen Himmel über dir sehen,
der mit kleinen weißen vereinzelten Wölkchen ge-
schmückt ist.
Die Wolken wirken wie weiche, leichte Watteflocken.
Sie sind immer in Bewegung,
verändern sich stets in ihrer Form und Größe.
Während du ihr Spiel in der Höhe beobachtest,
kannst du vielleicht auch die fröhliche Leichtigkeit
der Wolken spüren,
mit der sie ihren Tanz ausführen.

Lass dich von ihrer lachenden Lebendigkeit anstecken
in deinem Herzen,
und wenn du magst, auch in deinem Körper.
Vielleicht magst auch du im Tanz dich wiegen.

Vielleicht magst du einfach nur im weichen Gras liegen
und den Augenblick genießen.
Sieh dem Spiel der Wolken zu,
dort oben in luftiger Höhe.

Fühlst du deine eigene Lebensfreude,
wenn vielleicht auch noch überdeckt
von deinen Sorgen?
Kannst du deinen Pulsstrom spüren,
die lebendige Kraft,
die stets in dir fließt?
Wisse um die Gaben und Fähigkeiten,
die dir gegeben sind.
Spürst du dein Verlangen nach Liebe?
Und zugleich deine einmalige Art,
anderen mit Liebe zu begegnen,
wenn du es nur zulässt?
Fühle das Ausgeruhtsein,
das Bei-dir-angekommen-Sein,
und hüte es wie einen Schatz,
von dem du in dunklen Stunden zehren kannst.

Vertraue dir und deiner inneren Stimme.
Du kannst deinen Weg finden und gehen,
wenn du achtsam dir selbst gegenüber
und anderen Menschen bist.
Kraftvoll lebendig,
voll zärtlicher Stärke,
kannst du deinem Ziel entgegentanzen.

Bewahre dieses Bild in deinem Herzen.

So kannst du dich gut ausgeruht und reich beschenkt

nun wieder auf deinen Weg machen,
der dich zurück ins Hier und Jetzt bringt.

Schreiben Sie drei wesentliche Punkte auf, von denen Sie glauben, dass sie ursächlich mit Ihrer momentanen Stresssituation zusammenhängen.
Stellen Sie sich vor einen Spiegel und blicken Sie sich ins Gesicht. Sagen Sie sich zu jedem dieser Punkte:

Akzeptierende/r Körperhaltung und Blick,	*Was ich nicht ändern kann, will ich friedvoll hinnehmen.*
Entschlossene/r Körperhaltung und Blick.	*Was ich ändern kann, werde ich im Guten ändern.*

Glück empfinden und vertiefen

Glücklich zu sein ist wohl das Ziel aller Menschen. Doch was ist Glück? Woran erkenne ich es? Wie und wo kann ich es finden? Das erste Geheimnis des Glücks ist, dass es jeder für sich selbst definiert. Und das zweite wunderbare Geheimnis ist, dass somit Glück immer und überall möglich ist – es liegt allein in unserer Hand.

Anna:

Wie ich die Augen aufgemacht hab, nur so zum Probieren, da war es nur ein klein bisschen heller, als wie ich zum ersten Mal aufgewacht bin und rausgeguckt hab. Der Regen ist noch immer tropf, tropf, tropf an den Scheiben runtergelaufen, aber die Vögel haben gesungen, und der Baum sah gar nicht mehr schlecht gelaunt aus. Ich hab meinen großen Zeh unter der Decke vorgestreckt, und er ist ein bisschen kälter geworden, aber gekümmert hat er sich nicht drum. Und es war kein Sonnenstrahl am Himmel zu sehen, aber ich hab trotzdem einen gesehen. Der kam von innen, nicht von draußen. (...)

Ich bin aus dem Bett gesprungen und rüber zu Fynn gelaufen und hab ihm einen dicken Kuss gegeben und er mir auch einen. Das wird heut wieder ein schöner Tag, hat er gesagt, und dabei hatte er doch noch gar nicht die Gardine aufgezogen. So früh war es noch.

Und ich, ich hab nix vom Regen verraten. Weil doch das Wetter, was man in sich selber macht, viel viel wichtiger is wie das von draußen. Und Fynn sein Herz hat an dem Morgen kein Regenschirm gebraucht ...

Fynn

Das Beste, das Reinste, das Hellste —
atme ich bis in jede Körperzelle.
Ich bin so glücklich — wie ich sein möchte.

EINE KNOSPE ÖFFNET SICH

Stell dir vor, du bist ein kleines Samenkorn.
Du liegst in der feuchten Erde
und schlummerst vor dich hin.
Es ist dunkel um dich und still.
Frieden umgibt dich und ist in dir.
Du fühlst dich wohl und geborgen.

Eines Tages spürst du ein Sehnen,
ein Verlangen danach, dich zu recken und zu strecken.
Du fühlst den Wunsch, dich weiterzuentwickeln.
Du willst wachsen
und dich dem Licht entgegenstrecken,
von dem du weißt, dass es hoch über dir scheint.
So beginnst du, einen zarten Keim
Stück für Stück nach oben zu strecken.
Gleichzeitig lässt du eine Wurzel
in die Tiefe des Erdreiches hinab,
um dir Geborgenheit und Halt zu sichern.

Dein Wachsen ist ein stetes Ausdehnen
nach oben und unten.
Bald wirst du an der Erdoberfläche angekommen sein,

Glück

101

denn du kannst deutlich spüren,
wie es heller und wärmer um dich wird.
Die Spitze deines Keimes
bahnt sich mühelos ihren Weg.
Fast etwas erstaunt registrierst du,
wie die Erdmasse weicht, um dir Platz zu machen.
Nun ist es so weit:
Du durchdringst die Oberfläche.
Wärme und Licht umgeben dich ganz.
Fühle, wie sie auch
in dein Innerstes einzudringen scheinen
und dich zum Strahlen bringen.

Weiterhin verspürst du den Wunsch, emporzuwachsen
und gibst diesem inneren Drängen nach.
Dein Keim, der sich an der Luft nach und nach
in einen grünen Halm verwandelt hat,
wächst stetig weiter.
Er ist nun schon einige Zentimeter hoch.
Nun ist da noch ein anderes Element,
mit dem du Bekanntschaft machen darfst: der Wind.
Sanft wiegt er dich in seinem Lied hin und her.
Genieße den angenehm warmen Frühlingswind,
der dich zum Tanz auffordert.

Spüre die erfrischende Kühle,
wenn der Himmel über dir seine Schleusen öffnet
und es zu regnen beginnt.
Dankbar nehmen deine Wurzeln,
die sich immer tiefer in das Erdreich eingegraben
und sich mehrfach verzweigt haben,

dieses kostbare Nass in sich auf.

Und während du stets in die Höhe wächst,
kannst du spüren,
wie der dünne Halm sich zu einem Stiel verfestigt
und kleine Blätter seitlich ausstellt.

Eines Tages weißt du,
dass du nun genug gewachsen bist.
Jetzt brauchst du deine Energie,
um dich zu zentrieren:
Die Spitze deines Stiles verdickt sich
und formt sich zu einer Knospe aus.

Während du dich von Wind, Sonne
und Regen verwöhnen lässt,
wird dir plötzlich bewusst, dass alles,
was bisher mit dir geschehen ist,
nur eine Zeit der Vorbereitung war.
Dass diese Prozesse zur Entwicklung deines Selbst
dazugehört haben,
aber dein wahrer Kern noch im Verborgenen weilt.
Du beginnst zu ahnen,
dass die Enthüllung deines Wesens,
die Erkennung deiner Bestimmung
unmittelbar bevorsteht.

Langsam, Blatt für Blatt, öffnest du deine Knospe.
Behutsam, und jedes Sich-nach-außen-Kehren genie-
ßend,
entfaltest du dich und zeigst mehr von deinem Inneren.
Leuchtende Farben tauchen aus dem Verborgenen
in dir hervor,
samtene Weichheit offenbart sich,

Glück

strahlende Schönheit zeigt sich.
Du bist eine herrlich duftende,
wunderschöne und einzigartige Blume!

Aufrecht sitzen, Arme nach vorne ausstrecken, Handflächen nach außen kehren, Arme zu beiden Seiten auseinander führen,	*Mein Glück hängt nicht von anderen Menschen ab – und nicht von materiellen Gütern.*
Hände drehen, so dass die Handflächen nun nach oben zeigen, Arme wieder nach vorne zusammenführen,	*Niemand und nichts ist für mein Glück verantwortlich – außer ich selbst.*
Arme anwinkeln und Handflächen anschauen,	*Mein Glück ist das Spiegelbild meiner Haltung dem Leben gegenüber.*
kreisende, allumfassende Bewegung mit den Armen machen,	*Zu jeder Zeit und an jedem Ort kann ich glücklich sein, denn das Glück ist immer in Reichweite. –*
Hände wie Schalen vor Brustmitte ineinander legen.	*Ich habe stets die Möglichkeit, mich für mein Glück zu entscheiden.*

Zu lieben wagen

Die Liebe ist wohl das höchste Gut, das ein Mensch zu seinem Leben zählen kann. Denn sie allein macht das Wunder möglich, andere zu beschenken und dabei selbst reich zu werden.

Du magst der Ärmste, der Schwächste,
der Sündigste aller Menschen sein;
wenn du die Liebe hast,
kannst du leben.

Du magst durch Krankheit, Misserfolg
und Versagen erschüttert sein;
wenn du die Liebe hast,
kannst du stehen.

Du magst kein großes Haus,
nur ein Dach über dem Kopf besitzen;
wenn du die Liebe hast,
bist du zu Hause.

Du magst über keinen Besitz
und kein Geld auf der Bank verfügen;
wenn du die Liebe hast,
bist du reich.

Wenn du die Liebe hast,
hast du Gott in deinem Herzen.

Phil Bosmans

Liebe

> Ich bin frei — meine Liebe zu verschenken.
> Andere zu lieben — macht auch mich reich.

SIEH DAS PAAR DORT UNTEN

Male dir vor deinem geistigen Auge
das Bild einer Sommerwiese.

Sieh dich barfuß durch das weiche Gras laufen.
Schau dich genau an.
Welche Kleidung trägst du?
Wie ist dein Gang?
Was verrät dir die Körpersprache
über deinen Gemütszustand?
Beobachte nur,
sei weder kritisch noch voreingenommen.

Nun stelle dir deine Partnerin/deinen Partner vor.
Lass sie/ihn Teil des Bildes werden.

Ihr geht als Paar über die Wiese.
Schau, was zu euch passt:
innig umarmt,
Händchen haltend,
eingehakt, …
oder ohne Berührung nebeneinander her laufend,

Wie ist eure Unterhaltung?
Oder euer Schweigen?

Ein Fluss durchquert die Wiese.
Setzt euch an dessen Ufer nieder.

Nun verlasse deine Menschengestalt,
und stell dir vor,
du wärst ein Vogel, der am Himmel seine Kreise zieht.

Unter dir kannst du das Pärchen am Wasser sehen.
Sieh wertfrei auf die beiden Menschen herab
und beobachte sie.

Schau, wie die beiden dort unten beieinander sitzen.

Wie verläuft ihre Unterhaltung
oder ihr schweigendes Miteinander?

Haben sie sich – auch ohne Worte – etwas zu sagen?

Gibt es Austausch von Zärtlichkeiten?

Was ist es, dass sie miteinander verbindet?

Welche gemeinsame Geschichte haben sie?

Hören sie sich gegenseitig zu?

Kennen sie einander?

Ist gegenseitiges Vertrauen die Basis ihrer Bindung?

Sind es gleichberechtigte Partner?

Wer ist vorrangig schwach, wer stark
oder ist das Geben und Nehmen in Balance?

Gibt es Liebe, die in beide Richtungen fließen darf?

Haben die beiden ein gemeinsames Ziel,
eine Vorstellung über die Zukunft ihrer Partnerschaft?

Ist es ein vorwiegend glückliches Paar?

Wenn die engsten Freunde der beiden zu Wort kämen,
wie würden sie dieses Paar beschreiben?

Teilst du diese Wahrnehmung?

Lass dich nun abschließend noch einmal hinunterblicken.

Fliege herab und schlüpfe wieder in die Gestalt des
Menschen, der du bist.

Der vorangegangenen Gedanken
und aufgetauchten Gefühle bewusst,
schaue deinen Partner/deine Partnerin erneut an.

Und sage ihm/ihr jetzt,
was dir wichtig und wesentlich erscheint.
Mag sein, es genügt,
dem anderen mitzuteilen,
was du liebst und schätzt an ihm/ihr;
vielleicht aber ist es auch nötig, auszusprechen,
was du dir in eurer Beziehung anders wünschst.

Wenn gesagt ist, was gesagt sein will,
steht auf und geht wieder über die Wiese.

Verabschiede dich nun auf deine Art
von deiner Partnerin/deinem Partner.
Schaue ihr/ihm anschließend nach,
bis sie/er aus deinem Blick verschwunden ist.

Aufrecht stehen, die Hände auf das Herz gelegt,	*So viel Liebe ist in mir –*
die Hände öffnen und leicht nach vorne strecken (gebende Geste), an die jeweilige Person denken und ihren Namen aussprechen,	*ich will sie geben und zeigen – meiner/m Partner/in – meinen/m Kind/ern – meinen Eltern – meinen Freunden –*
mit den Armen einen großen Kreis vor dem Körper in die Luft malen.	*der ganzen Welt.*
Die Hände öffnen und leicht nach vorne strecken (nehmende Geste).	*Und ich nehme die Liebe der anderen an – achte sie als kostbares Geschenk.*

Zu zweit

Hinter dem Partner, Kind, ... stehen, wenn gewünscht, die Hände auf die Schultern legen.	*Ich werde dir geben – meine Liebe und Kraft – damit du dich in Fülle spüren kannst.*

Liebe

109

Gott suchen und finden

Kennen Sie die Sehnsucht nach Gott? Ein Sehnen und Suchen nach etwas, das unserem Leben Sinn verleiht und über die irdischen Fragen hinausgeht? Sich in diese gewaltige Kraft hineinwachsen zu lassen und sich von ihr getragen zu fühlen, ist für mich die tiefste Erfahrung überhaupt, die ich im Leben machen kann.

Alle Menschen haben einen Zugang zu Gott,
aber jeder einen anderen.
Gottes Allumfassung
stellt sich in der unendlichen Vielfalt der Wege dar,
die zu ihm führen,
und von denen jeder einem Menschen offen ist.
Was wäre das für ein Gott,
der nur einen einzigen Weg hätte,
auf dem man ihm dienen kann.
Gott sagt nicht:
»*Das* ist ein Weg zu mir, *das* aber nicht«,
sondern er sagt:
»Alles, was du tust, kann ein Weg zu mir sein,
wenn du es nur so tust, dass es dich zu mir führt.«
Der Chassidismus lehrt,
dass die Freude an der Welt,
wenn wir sie mit unserem ganzen Wesen heiligen,
zur Freude an Gott führt.

Martin Buber

> Gott – lass mich zu dir finden –
> suche mich – und finde mich –
> rufe mich bei meinem Namen.

GOTT IST IN DIR

Gott ist überall zu finden. Auch in dir!
Lass dich spüren und erfahren, wie nah Gott dir ist.

Gott ist Licht.
Nimm bei jedem Einatmen Gott in dir auf,
indem du dir die Farben des Lichts vorstellst.
Atme sie tief in deinen Körper hinein.
Spüre, wie du immer heller wirst
und zu strahlen beginnst.

Gott ist Wärme.
Bei jedem Atemzug lass Wärme in dich hineinströmen
und sich in deinem Innern ausbreiten.
Spüre, wie die Wärme jede Kälte in dir vertreibt
und du dich behaglich und geborgen fühlst.

Gott ist Liebe.
Lass die Liebe bei jedem Atemzug in deinen Körper,
deinen Geist und deine Seele Einzug nehmen.
Lass sie sich in dir ausbreiten
und von dir Besitz nehmen.
Spüre, wie die Liebe, die du nun

GOTT

in dir und für dich fühlst,
auch der ganzen Welt gilt,
mit allem, was in ihr ist.

Gott ist Vertrauen.
Atme Vertrauen in jede deiner Körperzellen.
Das Gefühl, stets getragen zu sein
und das innere Wissen, das alles gut ist, wie es ist.
Spüre, wie dein Vertrauen in Gott
und zu dir selbst wachsen kann
und die Angst vertreibt.

Gott ist Hoffnung.
Lass mit jedem Atemzug die Hoffnung
und die Zuversicht in dir wachsen,
dass alles einen Sinn macht und zum Guten strebt.
Sei dir bewusst, dass, wo immer sich eine Tür schließt,
sich zur selben Zeit mindestens eine für dich öffnet.
Gott lässt dich nicht im Stich.

Gott ist Versöhnung.
Atme sie in dich ein,
lass die Versöhnung sich in deinem Körper ausbreiten
und sich in deinem Herzen einnisten.
Versöhne dich mit dir und der Welt.
Spüre, wie viel Last dir genommen wird,
wenn du bereit bist, zu verzeihen.

Gott ist Wahrhaftigkeit.
Beim Einatmen nimm die Wahrhaftigkeit in dich auf.
Schicke sie durch deine Blutbahn

und lass auch deine Seele davon berühren.

Sei du selbst, bleibe dir treu, dann bist du wahrhaftig.
Werde dir deiner Einzigartigkeit bewusst.
Erkenne dein Wesen und lebe es.

Gott ist Freude.
Atme die Freude in dich hinein.
Schicke sie vom Scheitel bis zu den Zehen,
lass keinen Winkel aus.
Fülle dein Herz randvoll mit Freude
und gehe großzügig mit ihr um.
Spüre, wie die Freude dein Leben leichter und reicher
macht.

Gott ist Kraft.
Nimm beim Atmen diese Kraft in dich auf.
Lass dich von ihrer Energie versorgen und fülle deinen
Tank.
Spüre, wie mit der Kraft auch der Mut kommt,
den ersten Schritt zu tun.

Gehe nun in diesen Tag und nimm Gott mit.

Gott

Kniend, die Arme nach vorne ausgestreckt, Handflächen nach oben geöffnet,	*Gott –* *nimm von mir Besitz –* *auf dass ich erfüllt bin* *von dir –*
Arme über den Kopf heben, Handflächen aneinander,	*lass mich in deinem Licht* *heller werden –*
nach vorne auf den Bauch legen, die Arme ausgestreckt, die Handflächen auf dem Boden,	*Gott – dir will ich mich* *beugen – mach mich zum* *Werkzeug deiner Hände –* *lehre mich*
Handflächen umdrehen.	*Gott – in dir – und nur in* *dir bin ich geborgen.*

Danken von Herzen

Nichts ist zufällig und selbstverständlich. Wenn ich das begriffen habe, gibt es in meinem Leben genügend Grund zur Dankbarkeit. Heute – jetzt – hier.
Wirkliche Dankbarkeit verändert mein Leben: Es wird strahlender, heller, glücklicher. Und das Schönste: Es färbt sich auf mein Wesen ab!

In dem Wort »Danken« steckt das andere Wort: »Denken«. Das Danken setzt darum das Denken voraus, ist immer Folge des Denkens. Die Sache mit dem Danken ist also des Denkens wert. Des Nachdenkens. Wer bedenkt, wodurch das eigene Leben reicher geworden ist, der kann eigentlich gar nicht mehr anders als danken und sich freuen. Wer danken kann, hat nachgedacht. Der Dankende lebt aufmerksamer, intensiver; sein Leben gewinnt Tiefgang. Danken ist aber auch eine besondere Form des Sich-Erinnerns. Wer dankt, erinnert sich dessen, was ihm zuteil wurde an Gutem. Danken ist Ausdruck von Beziehung. Wer dankt, setzt sein Leben in Beziehung zu etwas außerhalb seiner selbst. Wer dankt, ist darum in gewissem Sinne außer sich; denn im Dank überschreiten wir die uns selbst gesetzten Grenzen und wachsen so über den engen Bereich unseres Lebens, über unser Kreisen um uns selbst hinaus. Der Dank gilt Menschen für ihre Zuneigung, für ihre Nachsicht, für unauffällige Begleitung und Hilfe. Und in all dem, in all seiner Vielfalt gilt der Dank Gott dafür, dass er uns nahe ist.

Wolfgang Brinkel

Ich danke für mein Leben, —
für mein Sein, —
für mein So-sein-wie-ich-Bin. —
Ich danke für alles, was ist. —
Ich danke, dass es ist, wie es ist.

SPIEGELBILD DES LEBENS

Es ist ein freundlicher Tag, die Sonne lacht.
Wenn du magst, stell dir vor,
du läufst einen leichten Wiesenhang hinab.
Dort unten siehst du einen kleinen See.
Kein Mensch ist in der Nähe, alles ist ruhig und still.
Insekten summen in der Luft, Vögel fliegen über dir,
ansonsten ist kein Laut zu hören
und keine Bewegung zu sehen.
Es ist, als ob die Zeit stillstehen würde,
als ob der Moment den Atem angehalten hätte.
Nichts zählt gerade, nichts ist wichtig,
nichts lenkt dich ab.

Schlendere auf die Uferböschung zu.
Wie ist sie beschaffen?
Gibt es Sand, Steine oder Schilf?
Gehe so nah wie möglich ans Wasser heran.
Vielleicht hast du Lust, deine Schuhe auszuziehen
und die Füße ins kühle Nass zu stellen?
Lass deinen Blick über den See schweifen.

Was siehst du?

Nun bücke oder knie dich,
so dass du dein Spiegelbild
auf der Wasseroberfläche betrachten kannst.
Nimm dir Zeit, dein Gesicht liebevoll anzusehen.
Fahre die Züge deines Gesichts mit den Augen nach,
sei einfach Beobachter, bewerte und kritisiere nicht.
Bist du mit dir vertraut?

Vielleicht ist dies ein guter Moment,
um dir selbst bewusst zu machen,
was für ein einzigartiger Mensch du bist
und welch einmaliges Leben du lebst.
Da ist so viel Grund zu Freude,
Zufriedenheit und Dank!
Magst du dich einlassen auf die Begegnung
mit deinen Reichtümern?
So blicke weiterhin auf die Oberfläche des Wassers
und lass die Bilder entstehen, die angeregt sein wollen.
Heiße sie willkommen,
denn sie zeigen dir wahre Schätze.

Blicke auf das Kind, das du einst warst.
Schaue in seine Seele und erkenne dich darin wieder.
Schaue die Menschen,
in deren Obhut du aufgewachsen bist.
Erkenne, dass sie für dich das Beste taten,
das ihnen selbst möglich war.
Wer stand dir besonders zur Seite?
Wem konntest du dein Vertrauen
und deine Offenheit schenken?
Wer hat dich liebevoll an die Hand genommen
und dir die Geheimnisse des Lebens gezeigt?

Verfolge im Zeitraffer dein Wachsen und Werden
vom Kind bis heute.

Sieh, wie sich dein Körper und Wesen verändert hat.
Nun schaue auf deine momentane Lebenssituation.
Welche Menschen stehen dir nahe?
Wer sind deine wirklichen Freunde?
Wer liebt dich?
Und wen liebst du?
Welche Aufgaben hast du,
welcher Arbeit gehst du nach?
Welchen Herausforderungen darfst du dich stellen?
Welche Fähigkeiten und Stärken hast du?
Wo liegen deine Begabungen und Talente?
Was liegt dir besonders, was kannst du gut?
Was ist es, dass dir Kraft und Zuversicht gibt?
Woher holst du dir neue Energie?
Womit vermagst du dich innerlich zu stärken?
Welche Erfahrungen in deinem Leben
haben dich am meisten geprägt?
Woran bist du persönlich sehr gewachsen?
Gab es Krisen, die du als Chance,
daran zu reifen, verstehen und nutzen konntest?

Erinnere dich an Glücksmomente.
Was ist um dich und in dir geschehen,
dass du sie als solche bezeichnest?
Worauf bist du stolz?
Was ist dir besonders gut gelungen?
Wo sind in deinem Leben Träume wahr geworden,
Wünsche in Erfüllung gegangen?

Welche Träume möchtest du noch leben?

Welches (erreichbare) Ziel
hast du dir für dein Leben gesteckt?

Nun lass dich wieder auf dein Spiegelbild im Wasser
blicken.
Und habe ein aufrichtiges Dankeschön!

Auf den Knien, Blick zum Himmel erhoben, Arme nach oben ausstrecken,	*Dankbar bin ich –* *und voll Freude. –*
Arme seitlich ausbreiten,	*Ich will mein Herz für* *Wunder öffnen –*
Hände vor Brust aneinander legen, Oberkörper nach vorne beugen.	*und in Demut sein vor jener* *Kraft, die alles trägt.*

Abschied bewusst gestalten

Immer wieder kommen wir an Kreuzungen oder Wegga-
belungen in unserem Leben, an denen es heißt, Abschied
zu nehmen; von einem Menschen, einem Ort, einer Ar-
beitsstelle, einer Angewohnheit etc. Und jedem Abschied
folgt ein Neubeginn. Wir fangen jedoch genau so an, wie
wir zuvor geendet haben – deshalb ist es so wichtig, dem
Abschied seine gebührende Aufmerksamkeit zu schenken.

Abschiede sind Meilensteine in unserem Leben.
An jedem Abschied wachsen wir,
jeder Abschied hinterlässt Narben,
und wir gehen daraus hervor
mit neuer Weisheit,
neuem Selbstvertrauen
und einer neuen Welt,
die wir uns zu Eigen gemacht haben.
Denn nichts ist für immer,
du kannst nichts halten, dessen Zeit vorüber ist.
Und sei ehrlich:
Würdest du wirklich dein ganzes Leben
an einem einzigen Ort verharren wollen?
Nur wer Abschied nehmen gelernt hat,
kann auch von Herzen willkommen heißen.

Claudia Mandorf

> Ich löse mich und sag ade –
> und lasse los, was ziehen will.
> Ich sage ja zu dem, was kommt – und geht.
> Mit Freude will ich Neuem neu begegnen.

EINE BALLONFAHRT

Stell dir vor, heute ist der Tag,
an dem du Abschied nehmen wirst.
Du wirst eine Ballonfahrt machen.
Auf diese Reise nimmst du mit,
wovon du dich trennen willst oder musst.

Komme nun an den Platz,
an dem der Heißluftballon bereits aufgeblasen auf dich
wartet.
Bunt ist er und herrlich anzusehen in seiner Größe.
Steige nun in den Korb.
Etwas oder jemand ist bei dir,
nämlich die Eigenschaft, die Lebensphase,
die Angewohnheit, der Mensch
oder von was/wem du dich trennen willst oder trennen
musst.
Da du ein sehr erfahrener Ballonfahrer bist,
hast du keinerlei Angst vor der Fahrt durch die Lüfte.
Jetzt drehst du am Hebel für das Gas,
auf dass sich die Flamme verdreifache

Abschied

und der Ballon, von der Wärme getrieben,
sanft vom Boden abhebt.

Immer höher steigt er,
immer kleiner wird die Welt unter dir.
Du genießt das vertraute sanfte Schaukeln des Korbes
und das Geräusch der gasverzehrenden Flamme.
Nun hast du eine gute Höhe erreicht
und kannst dich vom Wind führen lassen.
Lenke jetzt deine Aufmerksamkeit
auf den Grund dieser Reise:
bewusst Abschied zu nehmen.
Schaue dir an, was oder wer bei dir ist.
Lass deine Gefühle zu, nimm wahr,
was sich beim Anblick in dir ereignet.

Sieh noch einmal zurück auf die Zeit,
die ihr miteinander geteilt habt.
Versuche, dich auf das Schöne zu besinnen,
das ihr miteinander erleben durftet.
Mache dir klar, wofür du deinem Begleiter dankbar bist
und sage es ihm.
Nun werde dir der schmerzlichen Seite bewusst.
Wo habt ihr euch gegenseitig vielleicht verletzt
und Wunden zugefügt,
die nicht mehr heilen wollen?
Was macht es dir unmöglich,
weiterhin am anderen festzuhalten,
dein Leben weiterhin mit ihm zu teilen?
Warum tut ihr einander nicht mehr gut?
Ist einfach die Zeit gekommen,
in eine andere Lebensphase einzutreten?

Wie kam es zu dem Entschluss, sich zu trennen,
Abschied zu nehmen?
Sprich deine Gedanken aus, sag sie deinem Gegenüber,
ohne zu verletzen.
Vielleicht mag es sich äußern,
dann schenke auch ihm Gehör.
Nun ist alles ausgesprochen.
Fasst euch bei der Hand und sagt euch Lebwohl.

Drehe wiederum am Gashahn,
um die Flamme klein zu machen
und den Ballon zu landen.
Wenn er sanft den Boden berührt,
dann schaue deinem Begleiter
ein letztes Mal in die Augen,
bevor er den Korb verlässt
und du dich ohne ihn wieder in die Höhe schwingst.

Während der Ballon wieder steigt,
spüre deinen Gefühlen nach:
Vielleicht gibt es da Trauer und Schmerz
über einen Verlust,
vielleicht überwiegt die Erleichterung,
endlich etwas Belastendes losgeworden zu sein
und mag sein, da ist eine Freude in dir,
die sich einem Neuanfang entgegen sehnt.

Lass deinen Ballon so lange mit den Wolken ziehen,
wie du es brauchst und es dir gut tut.
Wenn du dich frei, unbelastet und reif fühlst,
ohne deinen bisherigen Begleiter
wieder an dem Platz zu landen,

Abschied

an dem diese Reise begann,
dann lenke den Ballon sanft zurück zur Erde.

Trennung vom Partner

Wenn es nicht möglich ist, mit dem betreffenden Partner dieses Ritual zu vollziehen, dann können Sie es symbolisch für sich selbst tun. Entweder Sie stellen sich den Partner vor, dem Sie die Sätze sagen (ein Foto hilft dabei), oder aber Sie stellen jemand anderes stellvertretend für den Menschen auf, dem Ihr Abschied gilt.

Sich mit Blickkontakt gegenüberstellen, aus sanfter Umarmung lösen oder gereichte Hände voneinander lassen,	*Ich löse mich von dir – und ich nehme die Trennung an.*
verbeugen,	*Was gut war, will ich bewahren und achten. Was schwierig oder schmerzlich war, will ich hinnehmen – und nicht mehr zürnen oder nachtragen in meinem Herzen.*
Blickkontakt,	*Ich habe dich einst als meine/n Frau/Mann genommen – und du mich als deine/n Frau/Mann.*
einen Schritt nach hinten gehen,	*Nun nehme ich Abschied von dir als meine Frau/meinen Mann – und will es gut sein lassen, ruhen lassen. – Möge uns beiden Gelingen und Segen zuteil werden.*
umdrehen und gehen.	

Trennung von Angewohnheit/Sucht/Verhaltensweise
Sie können das Ritual mit einem Menschen vollziehen, den
Sie stellvertretend für das stellen, was Sie verabschieden
wollen. Oder Sie schreiben es mit großen Buchstaben auf
ein Blatt, das Sie in Augenhöhe vor sich aufhängen.

Einen Schritt nach hinten gehen,	*Ich verabschiede dich als einen Teil, der (lange) bei mir Zuhause war.*
verbeugen,	*Du magst mir eine Zeit gedient haben und vielleicht sogar hilfreich gewesen sein.*
aufrichten und Blickkontakt,	*Doch jetzt ist die Zeit gekommen, adieu zu sagen. Ich brauche dich nicht mehr und will meinen Weg ohne dich fortsetzen, weil mir bewusst geworden ist, dass ich mir selbst und anderen schade, wenn ich länger an dir festhalte.*
umdrehen und gehen, bzw. Blatt abnehmen und vernichten.	

Abschied voneinander nehmen innerhalb einer (vertraut
gewordenen) Gruppe
Alle Teilnehmer gehen im Raum bei schöner Musik umher.
Je zwei Teilnehmer (A und B) gehen aufeinander zu und
nehmen wie folgt voneinander Abschied. Dann wieder
Gehen im Raum, vor anderem Partner stehen bleiben. So
lange wiederholen, bis sich jeder von jedem verabschiedet hat.

Abschied

A und B stehen sich gegenüber, schauen sich an. A geht auf B zu mit ausgestreckten Händen, die B ergreift. A sagt:	*Dies soll zum Zeichen meines Abschieds sein:*
A löst seine Hände sanft von B und geht einen Schritt zurück,	*Ich löse mich –*
A verbeugt sich vor B,	*und sag Lebwohl.*
A macht eine segnende Geste mit Händen über B.	*Und wohl behütet wünsch ich dich von jener Kraft und jenem Segen.*

Nun werden die
»Rollen vertauscht«
und B nimmt von A Abschied.

Quellenverzeichnis

Bickel, Margot: Pflücke den Tag. Verlag Herder, Freiburg 39. Gesamtauflage 2001.

Bonhoeffer, Dietrich: Widerstand und Ergebung (Dietrich Bonhoeffer Werke, Band 8), Gütersloher Verlagshaus, Gütersloh 1998.

Bosmans, Phil: Worte zum Menschsein. Verlag Herder, Freiburg 21, Gesamtauflage 2001.

Brinkel, Wolfgang (Hg.): Alles ist Geschenk. Texte der Dankbarkeit (aus dem Vorwort). Kiefel/Gütersloher Verlagshaus, Gütersloh 1999.

Buber, Martin: Worte für jeden Tag. Gütersloher Verlagshaus, Gütersloh 1999.

Dörken, Heidrun (Hg.): Funksprüche. Radioandachten im Hessischen Rundfunk. Spener Verlag, Frankfurt am Main 2000. © Eva Müller, Kriftel.

Drewermann, Eugen: Worte für ein unentdecktes Land. Verlag Herder, Freiburg 1993.

Ende, Michael: Momo. © 1973 by K. Thienemanns Verlag, Stuttgart – Wien.

Ferrucci, Piero: Werde was du bist, Sphinx im Hugendubel Verlag Kreuzlingen, München.

Fynn: Anna schreibt an Mister Gott. © 1987 alle deutschsprachigen Rechte by Scherz Verlag, Bern, München, Wien.

Grün, Anselm: 50 Engel für das Jahr. Verlag Herder, Freiburg 18. Gesamtauflage 2000.

Langenstein, Bernhard: Der Wunschkäfer. Pattloch Verlag GmbH & Co. KG, München 1999.

Mandorf, Claudia: Glück auf deinem Weg. Kreuz Verlag, Stuttgart, 1999.

Naegeli, Antje Sabine: Ich spanne die Flügel des Vertrauens aus. Eine Wegbegleitung, © Verlag am Eschbach, Eschbach/Markgräflerland 2000.

Schaffer, Ulrich: ...weil du dein Leben entscheidest. © Verlag Ernst Kaufmann, Lahr.

Spilling-Nöker, Christa: Finde deinen Weg. Burckhardthaus-Laetare Verlag, Offenbach am Main, 1998.

Weisenborn, Günther: Memorial. Röderberg-Verlag, Frankfurt am Main.

Zink, Jörg: Mehr als drei Wünsche. Kreuz Verlag, Stuttgart 1982.